高校德育工作创新实践研究

廖峻　张凯　任华◎著

线裝書局

图书在版编目（CIP）数据

高校德育工作创新实践研究/廖峻, 张凯, 任华著. --北京:线装
书局, 2023.6

ISBN 978-7-5120-5528-5

Ⅰ.①高… Ⅱ.①廖… ②张… ③任… Ⅲ.①高等学校－德育
工作－研究－中国 Ⅳ.①G641

中国国家版本馆 CIP 数据核字(2023)第 120849 号

高校德育工作创新实践研究
GAOXIAO DEYU GONGZUO CHUANGXIN SHIJIAN YANJIU

作　　者：廖峻 张凯 任华
责任编辑：林 菲
出版发行：线裝書局
　　　　　地　址：北京市丰台区方庄日月天地大厦 B 座 17 层（100078）
　　　　　电　话：010-58077126（发行部）010-58076938（总编室）
　　　　　网　址：www.zgxzsj.com
经　　销：新华书店
印　　制：北京四海锦诚印刷技术有限公司
开　　本：787mm×1092mm　1/16
印　　张：10.5
字　　数：206 千字
版　　次：2023 年 6 月第 1 版第 1 次印刷
定　　价：78.00 元

线装书局官方微信

◉ 前　言

当今社会市场经济飞速发展，经济成分、社会结构等的多元化造成了价值多元化、生活方式多元化。新时期的时代变化赋予了高校德育工作更多的机遇和挑战，德育工作须在时代变化中不断开发、不断创新、不断发展。新时代高校德育被赋予了更加充实的内涵，且在教学中占据重要地位，也是培养大学生道德素养的重要途径。大学生作为新时代发展的中流砥柱，加强其道德和政治素养尤为重要。做好大学生德育工作是高校贯彻"立德树人"这一教育理念的重要体现，也是大学深化办学内涵的重要途径。这项工作不仅有助于提升学生的品质，也有助于高校自身的高质量发展。高校应当充分认识到德育工作的价值，围绕客观形势的要求，不断加强探索和实践，持续提升高校的德育质量和效果。

加强高校德育工作，要厚植校园文化沃土，繁荣发展高校人文社会科学研究，打造丰富多样的人文课程，开展高品质的社团活动，做好管理和服务的全方位育人工作，营造浓厚的校园文化氛围，进而引领社会健康文化潮流，营造理性、和谐的社会环境。

高校德育工作研究，基于理论与实践的结合、主体与客体的平衡、传统与现代的取舍、认知与行动的协调等，是一项系统的、复杂的研究过程。本书从高校德育的教育体系入手，论述了高校的教育理念的创新，然后对高校德育工作的创新方法、高校生活德育创新等内容做了系统论述，并进一步分析了在新媒体和互联网背景下高校德育创新实践。本书具有一定的理论深度和实践基础，与时俱进，针对性强，有助于推动高校德育工作的科学发展。

作者在撰写本书的过程中借鉴了许多前人的研究成果，在此向他们表示衷心的感谢！由于德育教育的创新发展涉及的范畴比较广，需要探索的内容比较深，加之编写时间仓促，书中难免存在不足和疏漏之处，恳请前辈、同行及广大读者斧正。

目　录

第一章 高校德育概述

第一节 高校德育的概念

一、德育与高校德育的内涵

当代中国德育在概念上有"狭义德育"与"广义德育"之分。狭义的德育又可以称为"小德育"，特指道德教育，偏向于传统德育概念；广义的德育相应地被称为"大德育"，内容可以包括政治、思想和道德等多方面的教育，其也是相对于智育、美育来划分的。尤其是改革开放以来，学校德育在思想、政治、道德等主题内容的基础上，更加凸显了世界观、人生观、价值观教育的重要性，强调公民意识教育，强调民族精神的塑造和社会主义核心价值观的培育，强调法律法规和制度规范等方面的教育，关注学生思想、心理和实际问题，使道德教育赋予了更多内容、更多内涵、更多使命和更多价值。基于此，国内学术界也多偏向于从广义性的视角对德育概念进行阐释，因此，总结以往学者关于德育概念的阐述，可以认为，德育是指教育者按照一定社会或阶级的要求，采用一定的教育方法和手段，在遵循受教育者自身思想道德发展规律的基础上，有计划、有目的、有组织地对受教育者实施思想、政治和道德等方面的影响，并把社会所推崇的品德规范和要求转化为个人道德素质的教育实践活动。

必须强调的是，学术界对德育概念的阐释甚至使用更多的是从"大德育"也就是"广义德育"概念的角度进行的，这多是因为德育内容随着德育实践的实际需要在不断拓展丰富，但是随着德育研究和学科建设的不断发展，尤其是现代市场经济条件下社会对人才道德素质要求越来越高，学校德育所承担的作用和任务也越来越艰巨。这种情况下，学校德育还是应该强调德育的本质内涵，应该把道德教育作为学校德育的最基本范畴，并且道德教育应当重视对社会成员尤其是广大青少年学生进行最基本的道德品质的培养，把社会最基本的道德规范和道德价值通过道德教育实践活动转化为广大青少年学生自觉的道德价值观、道德习惯和道德行为。虽然当前德育过程中尤其高校德育中不可避免地要涉及思想教育、政治教育、法治教育、心理健康教育等方面的内容，但是这些方面也是思想政治教育和大学生心理健康教育要承担的重要内容。在德育过程中，应当把这些方面的教育中与道德素质紧密结合的内容在德育中凸显出来，而不能把德育变成事无巨细、无所不包的万能教育，否则德育必然失去针对性和实效性，既不利于德育学科的规划建设，也不利于德育理论研究和创新，更不利于发挥德育在现代化建设中本该具有的重要功能。

在德育概念梳理分析的基础上，"高校德育"的内涵理解起来就显得较为容易了。高校德育是德育在高校这一特殊教育场域下，以大学生为主体实施对象的德育，是高校教育的重要组成部分。虽然在高校科研工作上高校德育更多地被纳入伦理学范畴内，以"道德教育"为主进行研究，但是对其概念的理解和进行实际教育实践活动，高校和教育管理部门则多是在"大德育"的语境下进行的，不仅强调大学生的道德教育，同样把思想教育、政治教育等内容也列为高校德育的重要内容。高校德育是教育者按照党和国家的要求，有目的、有计划、有组织地对受教育者施加影响，使受教育者逐步树立正确的世界观、人生观、价值观，具有良好的道德品质，以及与社会主义现代化相适应的健康心态，成为社会主义"四有"（有理想、有道德、有文化、有纪律）专门人才。21 世纪以来，在全球化、信息化和网络化特征日益明显的世界发展总体态势下，随着我国经济社会改革发展的不断深入，高校德育的内容比以往任何时候都更加丰富，高校德育特别是道德教育逐渐拓展到包括社会公德、职业道德、家庭美德教育，市场经济条件下诚信、守法等公民道德教育，生态伦理教育，科技道德教育，网络道德教育等在内的经济和社会生活的各个领域；同时，高校德育也在主体性德育、实践德育、德育社会化等新的德育理念的影响下更加注重人文关怀、时代诉求和实际效果，更加符合大学生思想道德教育的实际需要，更加符合国家培养"德才兼备"新型人才的目标要求，更加符合社会主义精神文明建设与发展的要求。

二、高校德育与思想政治教育

辨清高校德育与思想政治教育的关系是德育教学特别是德育研究中首先应当解决的一个基本问题。两者关系的辨清也有利于我们更好地理解高校德育的概念内涵及其价值功能。长期以来，社会上甚至包括学术界许多人对"思想政治教育"和"高校德育"（甚至和"德育"）在概念认识及使用上都存在不规范或者模糊不清的情况。造成这种现象的原因是多方面的，其中，主要由于我国存在以德育承担或包容意识形态教育的传统，同时，我国学校德育和思想政治教育在教育内容、研究领域和师资队伍等方面存在交叉融合，实际工作中往往是德育从属于或者等同于思想政治教育，现实生活中很多人也是认为德育即思想政治教育，思想政治教育就是德育。实际上，很多人只是看到了思想政治教育与高校德育的联系和相近之处，比如，二者在理论基础、教育特性、教育目的、教育功能等方面都存在类似和交叉之处，但若从理论研究的角度来具体分析，高校德育无论在概念内涵上、教育对象上还是实践领域都与思想政治教育存在严格区别。如果不能加以区分，混用或等同两个概念必然造成高校德育与思想政治教育在内容、方法和评价等环节上出现混乱局面，这对高校德育与思想政治教育未来的理论研究和实践发展都是不利的。鉴于此，可以从以下四方面对高校德育与思想政治教育的关系进行辨析：

（一）高校德育与思想政治教育在发展历程、概念内涵上存在差异

德育是人类教育史上早就存在的教育现象，是人类为了规范社会道德行为、传承和弘扬优秀道德品质而进行的道德影响活动。德育是旨在形成受教育者一定思想品质的教育。虽然阶级社会德育往往被统治阶级用来作为进行社会思想道德控制和阶级统治的工具，但是德育作为对社会成员进行伦理道德教育、规范社会道德行为的教育实践，一直被传承下来，并在当今社会乃至以后的任何社会发展阶段都具有重要的意义。思想政治教育从发展历程来说明显要晚于德育。思想政治教育的有关思想和理论是无产阶级政党在马克思、恩格斯关于意识形态相关理论的指导下并在这些理论的基础上逐步提出并走向成熟的。思想政治教育的概念是经历了宣传工作、政治工作、政治教育工作、思想工作和思想政治工作等概念的不断衍化和比较研究而逐渐形成的。思想政治教育是指一定的阶级、政党、社会群体遵循人们的思想品德形成发展规律，用一定的思想观念、政治观点和道德规范，对其成员施加有目的、有计划、有组织的影响，使他们形成符合一定社会、一定阶级所需要的思想品德的社会实践活动。可见，在概念内涵上，广义的德育与思想政治教育的概念的确比较相近。但是一般认为，比较或区分德育与思想政治教育，应当从德育最本质的内涵和最基本的概念及范畴出发，如果从广义的概念去将两者进行区分，很可能导致德育外延的泛化，不利于理解德育真正的本质，也不利于更好实现德育的价值功能。从这个意义上来说，高校德育应当是培养大学生道德认知、道德情感、道德意志、道德信仰、道德素养和道德习惯等道德素质为主的教育实践，而思想政治教育则是受到政治制约的思想教育和偏向思想教育的政治教育的综合教育实践活动。从根本上讲，思想政治教育还是强调政治性，而道德教育则是强调社会道德规范，更具社会性。

（二）高校德育与思想政治教育在教育对象、教育内容上存在差异

我国德育一般是指学校德育，针对的主要是青少年学生。高校德育是高等教育的一个学科，因此，其教育对象也与高等教育的教育对象相一致。在校的大学生是高校德育的主体教育对象。当然，理论界也有把高校德育分为高校教师德育和高校大学生德育的，但是

我们认为，高校德育从其教育功能来说主要对象还是大学生，教师德育应当归于公民道德建设范畴，应当归于公民教育。可见，即便大学生不同于中小学生，从年龄上来说大学生已经步入成年人群体，但是大部分大学生仍然是属于没有社会工作经历和经验的群体，仍然处在思想道德素质可塑性强、不成熟、不稳定的时期，把大学生作为德育对象能够更好地实现德育的社会价值功能，保证大学生更好地适应社会发展，满足党和国家对人才发展的需要。思想政治教育的对象具有广泛性，除了在校学生之外，还包括其他多数社会群体和社会成员。因此，思想政治教育对象比高校德育对象范围更广，覆盖全社会的各个阶级、阶层和不同群体、不同行业及领域。从内容上来说，高校德育主要是培养和提高大学生的道德意识，教育和引导大学生按照社会的要求去约束规范自己的行为，接受基本的职业道德、社会公德、家庭美德和共产主义道德观以及中华优秀传统道德观的教育；而思想政治教育即便是针对大学生的思想政治教育，其内容范围也更加广泛，涉及世界观、人生观和价值观的教育，涉及马克思主义基本理论的教育，涉及社会主义民主、法治和爱国主义等方面内容的教育等多个层面。高校德育的内容相对稳定，这是因为社会基本的道德规范和伦理要求是相对稳定的，但是思想政治教育的内容则相对具有更大的可变性。特别是随着党和国家不同时期理论创新、政策变化、社会改革的推动，思想政治教育对关于党和国家路线、方针、政策与经济社会发展中出现的突出问题，不同阶级、阶层的人们思想方面存在的突出问题等有关内容的阐述、宣传和教育都会发生相应的改变，在教育的侧重点和教育的中心任务上都会进行不断调整，这样可以更好地满足社会各项事业建设的实际需要。

（三）高校德育与思想政治教育在教育功能上面也存在不同

高校德育与思想政治教育无疑都具有一定的社会性功能和个体性功能，总体来说，高校德育与思想政治教育都可以促进个体全面发展，促进社会经济、政治、文化、生态建设和发展；但是具体来说，高校德育与思想政治教育在价值功能上具有不同的侧重和内涵。在每一个个社会里，统治阶级的思想在每一时代都是占统治地位的思想。也就是说，一个阶级是社会上占统治地位的物质力量，同时，也是社会上占统治地位的精神力量。在无产阶级专政的社会主义制度下，思想政治教育本身也是党和国家实现政治稳定和有效社会管理的重要保证，思想政治教育被我们党视为经济、文化和其他各项工作的"生命线"，其"政治保证"作用是其他各项工作沿着正确方向顺利发展的有力保证。正因为如此，政治教育一直处于思想政治教育的核心地位，政治性价值功能也在思想政治教育价值功能的整个体系中居于首要地位，起着主导作用。虽然随着实践的发展高校思想政治教育的功能也得到不断拓展，但是高校思想政治教育的政治性功能仍然对其他功能起主导作用；虽然思想政治教育越来越关注个体思想、心理、情感和精神需求，思想政治教育的个体性价值功能越来越多地被体现和发挥出来，但是其个体性功能的发挥最终还需要在社会性功能不断发挥的前提下才能得以实现。高校德育虽然也具有政治、经济、文化、生态等社会性功能，但是高校德育这些社会性功能的实现主要还是依赖个体性功能的实现来完成，即高校德育的个体性价值功能是其核心功能，德育的目的是促进大学生道德品质的发展完善，其价值更好地体现为促进人的全面发展，其社会性价值也是在实现个体性价值的同时或基础上才能实现的。道德教育的终极意义、归宿价值还表现在它要使人回归为一个真正的人。当然，从人的社会性本质来说，教育的个体性价值和社会性价值本身又是辩证统一的。因此，德育的个体性价值的实现必然促进思想政治教育社会性价值的实现，而思想政治教育社会性价值的实现也会更好地促进德育个体性价值功能的实现。换言之，具有良好德性的社会成员包括大学生群体必然有利于一个国家的政治稳定、政治民主和政治清明；同样，民主、文明、和谐的政治体制和政治环境也有利于个体道德品性的发展，有利于社会成员遵循社会道德、法治规范。这也正是在学校教育实践中，德育与思想政治教育并没有能够在严格意义上截然分开，相反是相互交织甚至是趋于一体的重要原因。

（四）我国高校德育与高校思想政治教育存在的一致性和"等同性"

尽管德育与思想政治教育或者说高校德育与一般性的思想政治教育在发展历程、概念内涵、教育对象和教育内容，以及价值功能等方面都存在诸多差异，但是从学科建设和教育实践的现实来看，当前，我国高校德育与高校思想政治教育实际上是交叉重叠、相互融合的。高校德育实际上并没有作为单独的学科或专业从其他学科中分离出来，高校德育工作实际上与高校思想政治教育工作在目标、任务乃至教育的内容、方式等方面都是一致的。进入新时期以来，虽然高校德育学科在理论研究上呈现出更加专业化的趋势，甚至也有许多学者强调德育学科的独立性，但实际上为了适应全球化、信息化、网络化发展的时代特征，适应我国改革开放和社会主义现代化建设对"德才兼备"全面发展型人才提出的新要求，高校德育内容不断拓展延伸，高校德育工作与思想政治教育工作在目标任务上更加趋于一致，高校德育主体性内容在课堂教学上体现为思想品德修养教育、法律基础教育、形势与政策教育等多项内容的统一；高校德育包含的思想、政治、道德教育和其他方面的理论教育同样也依赖高校马克思主义理论学科教育，依赖哲学、政治学、心理学、社会学、法学，以及文学、历史等多个具体学科和专业教育来实现。总之，从我国学校德育特别是针对步入成人年龄阶段的大学生而进行的高校德育学科建设和教育实践来说，在当代中国，思想政治教育本质上即德育，亦即政治教育、思想教育、道德教育。或许随着教育改革与实践的发展，随着德育学科建设的发展，随着经济社会发展对高校德育发展提出新的需要，前文指出的高校德育与思想政治教育在许多方面存在的差别会逐渐在教育实践中体现出来，德育学科的独立性会更加明显，但这可能需要经历很长的时间。从目前我国高校德育与思想政治教育的实践来看，德育和思想政治教育还是具有"一致性"或者说具有"等同性"的。所以，我们既要从学理上对高校德育与思想政治教育进行有意识区分，但是又不应该否定当前高校德育与高校思想政治教育的内在联系；否则，可能既不利于高校德育理论研究的深入发展，也不利于在实践中更好地开展高校德育和思想政治教育，影响对大学生思想道德素质的全面教育、培养和提升。

三、高校德育的研究意义

（一）加强高校德育研究是由高校德育的地位决定的

德育关系到培养什么样的人，是培养社会所需人才的重要手段，一直被高度重视，古今中外概莫能外。中国共产党历来都十分重视学校德育工作。要全面贯彻党的教育方针，坚持"育人为本、德育为先"，实施素质教育，提高教育现代化水平，培养德智体美劳全面发展的社会主义建设者和接班人，办好人民满意的教育。"育人为本、德育为先"的理念和要求成为新时期加强学校思想政治教育和德育工作的重要思想动力，也成为高校德育工作的重要指导方针。道德之于个人、之于社会，都具有基础性意义，做人做事第一位的是崇德修身。这就是我们的用人标准为什么是德才兼备、以德为先，因为德是首要、是方向，一个人只有明大德、守公德、严私德，其才方能用得其所。广大青年树立和培育社会主义核心价值观时要"修德"，加强道德修养，注重道德实践。由此可见，党和国家一直高度重视道德教育尤其是青少年学生的思想道德教育，对高校思想政治教育工作更是在不同时期都不断加以强调，这就要求我们必须对高校德育工作高度重视，认真落实教育方针和各项文件会议精神，把素质教育的理念和要求贯彻到高等教育的全过程，不断推进高校德育工作理论研究和实践创新。

优先发展教育事业。建设教育强国是中华民族伟大复兴的基础工程，必须把教育事业放在优先位置，加快教育现代化，办好人民满意的教育。

（二）高校德育研究是进一步发挥高校德育价值功能的现实要求

高校德育从价值功能角度来说具有政治、经济、文化和育人等多方面的价值。首先，政治价值主要体现在高校德育强调德育的优先地位，突出对青年大学生政治立场、政治信念、政治辨别力和先进政治文化的教育，保证高等教育沿着正确的政治方向前进，促进高校培养出符合党和国家事业发展需要、德智体美劳全面发展的可靠建设者和合格接班人，推进社会主义改革发展和现代化建设顺利进行，为实现中华民族伟大复兴提供强有力的思想政治保证。其次，经济价值则体现为高校德育对正确的世界观、人生观和价值观的引导和推崇，对个体利益和集体利益辩证关系的科学分析，对高等教育均衡发展的推动，尤其是对大学生综合素质的全面提升等方面。大学生在专业知识、专业技能不断提高的同时，综合素质尤其是道德素质、心理素质等得到综合全面协调发展，这必将为社会主义市场经济快速健康发展提供充实可靠的人才资源，而数以万计的高素质劳动者和数以万计的专门人才的出现，又将为把我国建设成为人力资源强国，促进经济社会又好又快发展提供有力支撑。再次，文化价值主要表现为高校德育作为选择、传播和发展文化成果的基本手段和途径，在优秀传统文化的传承与创新，在大学生民族精神的培育与增强，在社会主义核心价值观的弘扬与践行等方面都具有重要作用。通过高校德育，不仅可以直接使大学生的精神文化面貌发生深刻变化，而且可以进一步对全体社会成员的价值观念和道德行为形成示范和引领效益。最后，高校德育的育人价值主要体现为高校德育通过自身的教育功能在培养人、塑造人上具有的重要价值。高校德育不仅发展了个体的个性特征，而且促进个体发展与社会发展要求相适应、相融合，使大学生在道德情感、道德认知、道德态度、道德能力和道德行为以及思想、智慧、知识和心理等方面都获得发展，实现高等教育立德树人的重要使命。高校德育具有的以上四方面的价值功能，同样也决定了高校德育具有重要的地位，但是高校德育的价值功能的发挥和体现并不是自然发生的，必须经过高校德育理论与实践的不断发展，通过高校德育在具体的实践探索中总结经验，提升理论指导的实际水平，最终才能够增强德育实效、发挥德育功能。随着全球化的深入推进，随着我国经济社会结构不断改革调整，社会价值观和利益主体日益多样化，网络社会和网络道德日益呈现出新的发展特点，要进一步发挥高校德育的价值功能必须对高校德育相关问题进行深入研究，优化高校德育体系，增强德育的实际效果。

（三） 高校德育研究有利于促进高校德育现代化发展

现代科技和民族传统对于一个国家发展具有重要的作用。德育既是传统的又是现代的，因为德育离不开对传统道德思想、道德规范和德育理念、德育方法等的继承和发展，同样德育又必须面向世界、面向现代化、面向未来，否则德育就如一棵大树既没有"根源"，又没有"枝叶"，放在怎样的环境下都难以存活，放在怎样的人群中都难免被最终遗弃。现代化是当今世界发展的基本趋势，也是世界各民族共同追求的发展目标。现代化不仅内含着对经济、科技现代化的必然要求，同样也包括并越来越多地体现为文化、教育等多层面的现代化。特别是人的现代化，乃现代化最终的价值目标，也是实现民族、国家和社会现代化的根本条件。在现代化的目标下和现代化的语境中，高校德育现代化成为高校德育发展的基本态势，也是高校德育走向科学、合理和有效的基本途径和表现方式。在高校德育研究中，德育的体系化、德育的法治化、德育的社会化、德育的实践化等方面的发展趋势和要求最终还是要通过德育的现代化来全面实现和表现出来。因此，德育现代化是我们高校德育发展的基本途径，也是高校德育本身发展的最终目标。然而必须指出，德育现代化同样不是一个自然而然的过程，而是需要多方面的努力和推动才能够实现，特别是需要高校德育紧跟时代步伐不断实现自身的改革创新来达成。高校德育现代化必须在高校德育的目标、内容、方式方法和手段途径等多方面逐一逐步地实现现代化的基础上才能够实现，并且高校德育现代化怎样与经济社会现代化发展协同推进，怎样与人的全面发展相互促进，怎样通过教师队伍发展、教育手段革新、教育理念创新和教育综合改革发展等来加以实现，这些都是摆在高校德育研究工作者面前的重要课题。深化高校德育研究必将促进对这些问题的进一步探索，找出更多问题更多形式的解决途径，特别是随着网络媒体和新科技日新月异的发展与普遍应用，高校德育可能的方式方法和先进的教育手段都是德育研究的重要内容，这些问题研究的成果和其他重大课题突破性的研究成果必将为高校德育现代化发展提供新的理论支撑和实践指导。

第二节　高校德育的体系结构与科学定位

一、高校德育的体系结构

高校德育体系体现的是国家对高校德育工作与大学生思想道德素质的全面要求。我国高校德育体系由高校德育的目标、内容、原则、途径、考评和实施管理等部分所组成，实际是包括施教者、受教者、教育媒介和教育环境等为基本结构的系统工程。

目标和内容体系回答的是高校德育"为什么""是什么"的问题，不仅是高校德育的价值和地位的体现，也为高校德育发展指明了方向，为德育体系其他要素的设置提供了依据。德育目标是高校德育工作的出发点和最终归宿，明确的德育目标是构建科学合理的高校德育体系的前提要求。从根本上来说，我国高校德育的目标就是培养和提高大学生思想道德素质，促进大学生德智体美劳全面发展。从内容层次上来说，高校德育目标又可以分为政治目标、思想目标、道德目标等具体的德育目标。高校德育内容是根据高校德育目标要求和我国高等教育的根本任务而展开设置的用于形成大学生思想道德品质等方面的知识、理论、观点、准则和规范等的总和。当前，我国高校德育内容主要包括马列主义、毛泽东思想和中国特色社会主义理论教育，爱国主义教育，党的路线方针政策和形势教育，民主法治教育，人生观教育，道德品质教育，学风教育，劳动教育，审美教育，心理健康教育等内容。

原则和方法体系说明了高校德育"怎样做"的问题，在方法论上指导着高校德育工作和具体实践。高校德育要坚持方向性原则，即要坚持社会主义方向，坚持以马克思主义为指导，坚持以社会主义核心价值体系和核心价值观引领高校德育朝着正确方向不断发展；坚持理论联系实际的原则，在思想理论研究和教育的过程中要紧密结合当今世界和我国改革开放条件下经济社会发展的实际情况和大学生思想实际，重视德育实践化和社会化发展的趋势，改变传统德育过程中理论脱离实际和空洞、干涩、无力的说教和形式化的灌输等不利于德育发展的方式方法；坚持继承和创新的原则，不断继承和发扬中华民族优秀传统文化中先进的德育思想和道德精神，继承和弘扬中国共产党领导人民在革命、建设和改革开放历史进程中形成的优良的德育传统和先进的德育理念，学习和借鉴国外德育理论和实践上积累的成功经验，弘扬传承人类先进的道德文明，不断进行理论和实践创新，不断改革德育内容与方式方法，使德育更好满足党和国家对素质型人才发展的需求。同时，高校德育还要坚持整体性原则、层次性原则、教育与自我教育相结合的原则、教育与管理相结合原则等多方面的原则。

考评体系解决的是高校德育"怎么样"的问题，是高校德育发展的制度保障和动力机制。科学有效的考评体系是促进高校德育工作顺利开展和不断发展的重要环节，是实现高校德育目标的必要保证。教育管理机构和高校德育管理部门要根据德育目标、高等教育目标与学校办学和培养人才的具体特点，制定综合完善的德育考评指标和具体的考评办法，围绕德育的根本目标和具体目标，利用现代的科技手段和科学方法，采用多种有效的考评方式，使阶段性考评和总结性考评、全面考评和重点考评、教师考评和学生考评，以及定性和定量相结合、动态和静态相结合等考评方式能够很好地运用在高校德育的考评中，使高校德育考评可以为高校德育发展尤其是改进德育方式方法等提供更多依据，为更加客观科学分析高校德育工作取得的成绩、存在的问题提供依据，为从整体上改进高校德育工作、推进德育创新提供更多参考依据。

实施管理体系指明了高校德育"谁来做"的问题。高校德育必须有健全的领导体制、专门的实施机构、得力的师资队伍、不断完善的制度规范，以及必要的经费投入和各种物质保证等。高等教育管理部门和学校党委必须协同学校行政管理部门，加强对德育工作在指导思想、工作方针、总体规划与实施等方面的领导，成立校、院系两级专门的德育领导和管理部门，配备专门的德育管理部门和专职、兼职管理和研究人员，要保证学校党委宣传部、学生工作部、"两课"的教学部门、教务处、学生处、团委等主要的负责德育组织实施的职能部门之间能够相互协调、密切配合，形成齐抓共管、有力且有效的德育管理工作机制。需要指出的是，德育体系的基本要素之间相互联动、有机结合，共同构成了高校德育的体系结构。新时期，高校德育体系各个构成要素都在随着整个社会经济、政治、文化的发展和教育体制改革发展而不断实现自我完善，经常处于动态变化之中，因此，高校德育发展创新必须高度重视德育体系尤其是实施管理体系的构建工作，形成科学、规范、有效的高校德育运行管理机制。

二、高校德育的科学定位

（一）高校德育要把政治方向摆在首位

一般认为政治方向是一个人对待社会中的阶级、政党、国家的基本观点和态度，是一个人思想品德的重要内容。它往往决定和制约着一个人的思想品德发展方向。坚持正确的政治方向是我国高校德育的首要任务，不仅关乎大学生能否成为社会主义现代化建设的合格接班人，而且直接关系到我国高校德育乃至整个高等教育发展的性质和方向。要坚持走中国特色社会主义道路，要实现中华民族伟大复兴的中国梦，必须培养具有坚定理想信念、坚定政治立场的大学生。高校德育要引导和帮助大学生形成正确的政治价值观，具备一定的政治鉴别力、政治敏锐性和政治洞察力，增进大学生对党和国家各项重大政策的理解和认同，使大学生能够成为积极贯彻执行党的路线、方针、政策的坚实力量；高校德育要教育和引导大学生在改革开放和社会主义市场经济发展的进程中，始终能够自觉维护党和国家及全体人民的根本利益，拥护中国特色社会主义制度，坚持党在社会主义初级阶段的基本路线，树立为中华民族伟大复兴和现代化建设事业奋斗前进的坚定信心，为共产主义远大理想和人类解放而不断奋斗的坚定信念。当前，各高校要不断完善学校领导体制，加强高校党的组织建设，加强党对高等教育尤其是高校德育工作的全面领导，确保高校德育沿着正确的方向前进，确保高校德育在高等教育全局中的战略地位和作用得到真正落实；要加强学生党员的思想、组织和作风建设，按照党员的宗旨和标准对学生党员进行经常性的教育，严把质量关，努力做好学生党员的教育、选拔和培育工作，使品学兼优、德才兼备，思想政治素质好、党性强的大学生成为党的队伍建设的后备资源。

（二）高校德育要以培育和弘扬社会主义核心价值观为核心

社会主义核心价值观是社会主义核心价值体系的抽象概括和提炼，是社会主义核心价值体系的内核和精神实质，是当代中国精神文化层面最鲜明的标记。社会主义核心价值观在中国特色社会主义所有价值目标中居于支配地位，对一切领域的价值目标具有统摄作用，在价值内涵上与社会主义道德价值体系具有高度的一致性。核心价值观，其实就是一种德，既是个人的德，也是一种大德，就是国家的德、社会的德。国无德不兴，人无德不立。大学生作为国家与民族的未来与希望，他们的思想道德状况和价值观取向对社会其他群体的思想发展和价值选择将产生重要的影响，具有特殊的示范引领效应。把大学生培养成为自觉践行社会主义核心价值观的示范力量和引领群体，对于国家公民道德建设乃至于整个文化系，培育和弘扬社会主义核心价值观作为中心任务和核心内容，把社会主义核心价值观融入高校德育乃至高等教育整个体系之中，主动用社会主义核心价值观引领社会风尚和时代潮流，培养大学生的民族精神、爱国精神和时代精神，加强集体主义和社会主义荣辱观教育，增强大学生对优秀传统文化和党的先进文化的认同，增强大学生对社会主义制度、社会主义道路、社会主义理论的自信，增强大学生为实现中华民族伟大复兴的中国梦而努力奋斗的历史使命感和责任感，让大学生成为自觉践行社会主义核心价值观的积极力量。

（三）高校德育要以学生为本，促进大学生全面发展

以人为本是科学发展观的核心，也是素质教育应当践行的基本价值导向。坚持以科学发展观为指导加强大学生德育工作，必须把以人为本的理念贯彻到德育工作的全过程。高校德育最终目标是通过道德教育提高大学生的思想道德素质，要贯彻"以人为本"的价值理念，在高校德育中就要坚持以大学生为本，坚持以促进大学生全面发展为最根本的价值原则。坚持以学生为本，要充分尊重大学生在德育中的主体地位，把大学生作为德育实践的主体，积极促进大学生进行主动、自觉、持续的自我道德教育；要尊重大学生在思想认识和道德情感上的差异性，将自由、平等、公正、法治等社会主义核心价值观融入校园文化建设之中，充分发挥"以文化人"的重要作用，积极推进以大学生为主体的大学精神和大学文化建设，把素质教育和现代教育的理念贯彻到高等教育全部工作之中，让文化素质教育成为提升大学生思想道德素质和其他各方面素质全面发展的强大动力。同时，坚持以学生为本，要切实把大学生作为德育的价值主体，让高校德育甚至整个高校教育工作都能够从学生德智体美劳全面发展尤其是思想政治道德素质发展的内在需要出发，满足大学生全面发展和健康成长的需要。

（四）高校德育要以学科建设、人才培养为根基

学科建设不仅是高等教育不断发展的基本依托，同样是高校培养合格人才的基础条件和重要保证。在高等教育不断实现跨越式发展的新时期，各高校都在不断调整学科结构和布局，优化学科设置和学科体系。高校学科建设整体上呈现出基础学科与应用学科、传统学科与新兴学科、特色学科与优势学科共同发展、相互融合、相互促进的发展态势。高校

德育要进一步实现自身的学科价值、巩固自身在高校学科体系中的独特地位，必须不断彰显自身的学科特点，提高学科建设水平，支撑高校德育不断实现创新发展。首先，各级教育主管部门和各高校要重视高校德育学科建设，把高校德育学科建设真正纳入高校学科建设总体规划之中，进一步优化高校学科专业设置，贯彻执行国家教育方针、政策，落实"育人为本、德育为先"的根本理念，赋予德育学科在高等教育中应有的学科地位，根据不同高校的办学特点和属性，在一级学科、二级学科建设中科学合理地设置德育学科，在加强专科、本科生德育教学的同时，重视德育学科硕士生、博士生的培养和学科建设工作，为培养德育学科建设人才奠定专业基础。其次，要借助学位、学科建设，做好学术梯队建设和人才队伍培养工作，为我国德育工作的发展奠定人才基础。

（五）高校德育要以改革创新为动力，形成不断发展的新合力

改革创新是当今时代精神的核心，是推动中国社会整体发展和政治、经济、文化等各项事业不断进步的精神支柱和力量源泉。改革创新既是我国经济社会持续发展的需要，也是各项社会事业不断发展的动力源泉。高校德育要在新时期战胜各方面的挑战，克服自身发展和价值实现的各种瓶颈，要不断实现高校德育在内容、方式方法和实践模式等方面的改革创新，否则高校德育就难以适应高等教育改革和素质教育全面发展的要求。高校德育改革创新要坚持实践创新和理论创新相结合，贯彻落实科学发展观，吸收新的教育理念和德育思想，不断探索当代中国经济社会发展中出现的新问题、新情况，加强对新时代大学生个性心理和身心成长发展的研究，在坚持德育基本规律的基础上研究新的教育形式和教育手段，不断探索新的德育资源，发挥社会团体、党政部门、家庭、学校、教师和学生自身在高校德育中的作用，形成不同主体之间相互影响、相互促进、良性互动的高校德育合力机制，提高德育的整体效应。

第三节　高校德育的创新发展

一、高校德育面临的机遇与挑战

在全球化时代，随着改革开放的不断深入发展，我国经济社会发展在各个领域都呈现出前所未有的新特点。高校理论研究和实践创新必须清醒地认识高等教育所处的新环境和高等教育自身发展所呈现出的新情况和新问题，准确把握新世纪新阶段高校德育面临的机遇与挑战，以更加明确高校德育当前的重要使命和未来发展的可能趋向。

1. 社会主义市场经济体制的确立与发展为高校德育发展提供了现实基础，也提出新的要求。道德属于意识形态和思想文化的范畴，其形成发展最终受到生产力发展水平和经济状况的决定。改革开放以来，社会主义市场经济不断发展，经济体制逐步改革完善，我国经济整体水平已经位于世界前列。虽然我国人均经济收入还与发达国家差距很大，但是城乡一体化不断发展，城市居民和农民的收入都逐年提升，人民群众的物质文化生活水平都在逐年显著提高，社会主义市场经济的活力日益展现，市场经济发展给国防、科技、医疗卫生、体育文化及各项民生事业发展提供了基础保障。

经济的不断发展和连续取得的新进步必将从根本上推动我国政治、文化、社会、生态等各项事业的发展，而社会发展和全面进步使得不同群体从利益整合和身心健康的现实需要出发对公共精神、道德伦理、民主、法治、人文知识等的价值及其重要性进一步肯定和认同，也为增进爱国、敬业、诚实、守信、互帮互助、勤俭节约等道德规范的社会认同注入了新的动力。

然而，同时要看到市场经济并不是万能的经济形态，也不可能解决所有的问题，市场经济存在一些不可逾越的缺陷与弊端，并且市场经济发展中由于市场化、货币化和趋利性成为社会普遍认同的经济现象，个体极易受消极腐朽思想的影响，一些大学生更是容易出现道德滑坡和行为失范、信仰迷失等精神危机。这些现象不仅对高校德育提出了新的任务要求，同时，也让高校德育遭遇了新的难题和困境，高校德育如何在现实的、纷繁复杂的经济社会引导大学生的道德思想，塑造大学生的人文精神，"医治"部分大学生的心灵"疾病"，这些必将成为市场经济条件下深化高校德育研究新的动力。

2. 全球化和价值多元化的时代给高校德育带来的机遇与挑战。全球化背景下，世界不同地区和不同国家之间的经济贸易、政治、文化和民间交往越来越频繁深入，日益开放的国内国际环境，有利于国外教育思想在中国的传播，有利于我国充分利用国外的德育资源，借鉴国外先进的德育经验和理念，推动我国德育改革、创新与发展。社会主义要赢得与资本主义相比较的优势，就必须大胆吸收和借鉴人类社会创造的一切文明成果。任何一个国家和民族闭关自守、盲目排外都不可能兴旺发达，近现代历史和中国改革开放的实践都已经充分证明这一点。对于教育包括德育而言同样需要不同国家之间相互交流、相互学习、相互借鉴、取长补短。全球化环境下国外多种教育资源的涌入为我们选择、批判和借鉴国外的德育理论创造了契机，而通过批判与借鉴必将为促进我国德育在内容、形式和方式方法等方面进行创新提供新的动力。同时，随着全球化的发展，世界各种社会思潮相互激荡，不同的世界观、人生观、价值观和多样化的意识形态、思维方式通过不同的文化产品和载体形式对青少年学生特别是相对开放自由又较为独立的大学生群体的影响极为深刻。对大学生而言，不同思想文化中既有积极的因素，同样也有消极甚至极为有害的成分，这些都极有可能成为阻碍大学生思想道德和价值观走向健康、成熟的重要因素。因此，全球化同样给我国高校德育带来了前所未有的挑战。高校德育在这种背景环境下，无论在德育的理念、德育的内容、德育的方法和途径，以及德育的实际效果等方面都面临着许多新的问题需要解决，德育理论与实践创新的任务更加紧迫、更加艰巨。

3. 信息化和新型媒体的飞速发展同样给高校德育带来了新的机遇与挑战。当今全球化时代最为鲜明的特点便是信息化。随着高科技和网络媒体的飞速发展，人们获得知识信息的手段越来越依靠于互联网和新型的媒体技术。大学生作为文化水平和应用能力较强的主要"网民"用户群，网络媒体更是成为大学生了解世界、接受教育的重要手段。高校德育可以借助网络媒体这一重要平台更加快捷、更加灵活有效地向大学生施加思想、政治和道德方面的教育影响。比如，一方面，通过网络媒体平台，可以更好地实现师生互动，提高大学生自我德育能力；另一方面，通过网络德育环境和德育内容的设置和创新可以更好地把德育理念渗透在不同的网络教育资源中，更加易于被大学生接受，增强大学生德育主体意识，提高德育的实际效果。同时，我们也要看到网络媒体由于自身具有虚拟性、难掌控性等特点，同样给大学生德育工作造成了新的严峻挑战。网络媒体不仅是大量优秀文化资源传播的平台，同样充斥着一系列不利于大学生健康成长的不利因素，多种负面的思想观念和价值观，都对大学生价值观和道德意识走向成熟造成严重冲击和消极影响。在这种情况下，高校德育不仅要预防并应对网络媒体负面信息的影响给大学生道德发展造成的危害，及时纠正、引导大学生的思想认识，培养大学生信息辨别和甄选能力，同时，要加强网络道德教育的研究，提高网络道德教育能力，协同相关部门做好网络信息维护和监管，促进网络伦理教育和网络立法工作，让大学生成为理性、尚法的网民，成为具有良好网络道德品性的网民。

4. 坚持"四个自信"给高校德育工作提出了新的更高要求。经济社会发展目标和任务的变化，政治、文化、社会等领域体制机制的改革必然在教育事业包括高校德育工作中体现出来，同时，也需要高等教育的发展来为合格人才的培养和社会全面进步提供精神动力和智力支持。在这种背景下，坚持中国特色社会主义理论自信、道路自信、制度自信、文化自信促进马克思主义中国化、大众化、时代化，彰显社会主义核心价值的优势和魅力，增进广大党员干部和人民群众的社会认同，最大限度地形成社会共识，这些都对思想政治工作尤其是高校思想政治教育与德育工作提出了新的更高的要求。高校德育不仅要继续贯彻"育人为本、德育为先"的理念，更要从党和国家战略发展的全局出发，从中华民族伟大复兴和实现中国梦的长远目标出发，提高大学生的思想道德素质和科学文化素质，培育大学生社会主义核心价值观，增进大学生对中国特色社会主义共同理想的信心和信念，使高校德育成为统一思想认识、培养高素质人才、提升民族精神、增强社会活力的强大动力和重要阵地。

二、高校德育创新发展的着力点

创新是一个民族进步的灵魂，是一个国家兴旺发达的不竭动力，也是一个政党永葆生机的源泉。高校德育创新是高校德育在新时期、新的历史条件下迎接各种挑战、解决各种重大难题的根本路径。面对新情况、新问题，高校德育只有坚持贯彻落实"育人为本、德育为先"的教育理念，通过不断创新德育思维、德育模式、德育平台和德育活动，进一步推动德育工作整体创新，才能为高校德育发展寻找到新的更好的路径。

（一）推进德育理论创新，为高校德育创新奠定理论基础

任何一门科学的发展都离不开自身的理论创新。先进的理论是进行科学决策、正确行动的前提条件。只有不断实现高校德育理论创新，才能够为整个高校德育创新提供强大思想动力。首先，要不断实现德育理念创新。各高校必须坚持以马克思主义基本理论作为德育工作的根本指导思想，以马克思主义中国化、时代化、大众化的最新成果指导具体实践，坚持从学生的实际需要和全面发展出发，把科学发展的理念贯彻落实到德育工作的各个环节，真正落实党和国家关于素质教育的政策要求，坚持"育人为本、德育为先"，坚持解决思想问题与解决实际问题相结合，把社会主义核心价值体系建设和社会主义核心价值观的培育作为高校德育的重要任务和核心内容，以中国梦引领高校思想政治教育，激发和培育大学生的民族精神、时代精神和荣辱观念，促进大学生思想政治素质和其他各项素质得到全面发展。其次，要紧密联系社会发展和大学生思想道德建设的实际。高校德育创新必须克服"就创新而谈创新"，或者为了"标新立异"而去创新的研究弊病，真正实现理论研究和管理工作的与时俱进，紧密结合社会环境变化和大学生思想道德素质变化的具体实际，不断调整德育内容、创新德育手段、拓宽德育路径，从而把德育理论研究建构在德育实践发展现实需要的基础上，通过实践经验的深刻总结推进德育理论的丰富与发展，进而更好地指导实践，增强德育实效。再次，要处理好理论间的继承、发展、创新与借鉴等多种关系。高校德育研究要继承和发展我们党在长期的革命、建设和改革开放的伟大实践中形成的思想政治教育优良传统和中华传统文化中蕴含的道德教育的优良传统，否则高校德育创新必将是无源之水、无本之木，没有生机，缺乏活力。同时，高校德育理论研究必须重视借鉴国外德育的先进理念、理论和成功做法，吸收利用相关学科研究的最新成果，形成高校德育同其他相关领域学科整合发展的有利趋势，不断利用国内外相关学科的最新研究方法和研究手段，加强对高校德育最新领域的研究拓展，加强对高校德育重大理论与现实问题的攻关，力争取得突破性研究成果。最后，要增强问题意识，坚持问题导

向。高校德育研究要不断关注全球化、信息化和知识经济时代的飞速发展和我国改革开放与社会转型的深入推进及因此而产生一系列新的、更加复杂多样的社会心理问题和伦理道德现象，关注这些问题与现象对大学生思想道德素质的成熟与发展造成的深刻影响，对社会热点问题和道德现象做出积极回应，对影响大学生思想道德发展的重大问题和事件给以正确分析和引导，深入研究新的历史时期如何加强高校德育工作，提升德育效果，如何破解德育难题，实现德育价值，不断推进高校德育的创新与发展。

（二）推进德育实践创新，为高校德育创新提供根本动力

理论发展的根本动力在于实践，理论价值实现的根本途径也在于实践。高校德育理论是否正确，德育方式方法是否可行，德育效果怎样，既不可能凭借主观意识，也不可能凭借理论本身去解决，最终必须通过一定的社会实践去检验。高校德育要从根本上实现创新发展就需要不断推进德育实践创新，借助不同的实践活动和实践平台来提高德育效果。近年来，我国高校德育社会化发展的经验表明，高校德育实践活动对于提高德育的参与性、主体性和针对性与实效性等都具有重要意义，开展丰富多彩的德育实践可以更好地把德育理论和社会道德规范转化为大学生的道德行为，内化为大学生的道德习惯，增强德育效果。但是，我们要看到，目前高校德育在"实践"这一环节上还存在很多问题。比如，实践活动的内容雷同，形式较为单一；实践目的多是从学校学科建设和项目申报等方面考虑而不是从高校德育的目标去考虑，形式主义问题较为严重；活动以学生组织开展得多，学校给予的支持力度还不够；等等。另外，高校德育实践教学还没有得到充分重视，发展步伐还不能满足德育实际需要，这也是高校德育实践中存在的突出问题。大学生德育实践教学的内容与社会发展步伐不一致，远远不能满足大学生思想政治教育的需求，严重制约了大学生德育实践教学的开展。可见，实现高校德育实践创新显得十分重要而且十分必要。首先，要加强德育实践主题、内容、形式创新。要根据当前的社会实际、国家意识形态建设和大学生思想道德发展实际需要来确定实践主题，选择实践内容，开展创新精神、爱国主义、团队合作意识、社会公德教育、文明礼仪、民主法治与社会主义核心价值观等不同主题的道德实践，把思想政治、国情民情、道德法律、心智与个性发展等德育层面的丰富内容融入德育实践中，建立科学合理、层次分明的德育实践内容体系，结合学生主体接受的习惯和能力开展形式多样、富有成效的德育实践活动。其次，要充分利用可能的德育资源，发挥不同载体的德育功能。学校要有意识地组织开展有关道德主体的各类社会调查、志愿者活动、公益活动，积极利用主题班会、报刊书籍、影视作品、辩论演讲比赛、校园文化节、道德模范师生评选等活动载体，发掘革命纪念地、烈士陵墓、文化遗迹、名人故居、文化场馆等道德实践基地的德育资源，充分支持并利用学校社团组织开展道德实践活

动，发挥校园文化建设尤其是校园网络道德文化建设的德育功能，使大学生能够在良好的道德文化氛围中健康成长，提升自身的道德文化素质。最后，要进一步提升德育课堂的思想政治教育功能。要充分利用各种德育素材，把德育更好地融入现实生活和中华优秀传统文化之中，要更多地利用课堂讨论、师生互换角色、道德演讲、影视多媒体教学等形式，培养大学生的创新精神、协作精神、合作意识、礼让意识、竞争意识等现代社会所需要的道德素质，让大学生自己讲述身边的道德现象，评价社会道德行为，增强德育实际效果。

（三）加强队伍建设，为高校德育创新发展提供可靠的组织保障

高校全体教师尤其是德育课专业教师的道德素养和综合素质直接影响到高校德育的效果，是最直接而重要的德育力量，也是高校德育发展的组织保障。重视并加强高校德育队伍的选拔、培育和使用，对于破解德育难题、提高德育效果具有重要意义。首先，要重视并提高德育工作者的综合素质。各高校要把德育师资培训作为重要工作抓紧抓好，把师德师风建设与德育教师的专业素养培训等作为常态化工作纳入学校规章制度之中，采用师德培养与专业培训、集中学习与分散实践、基地促进与自我提高，以及师生互动互进等相结合的方式，提高德育队伍的育德能力、创新能力、研究能力，培养一批政治立场坚定、业务能力突出、品德作风端正并具有奉献精神、责任意识、服务精神的高素质德育队伍。其次，必须解决德育教师和德育管理者相互脱节的问题。长期以来，在我国高校德育环境中，高校德育教师多是承担着德育知识与理论的教学和科研工作，班主任、团委、学生工作部等更多是承担着高校德育工作的管理，教师与管理者和管理部门往往工作职责划分十分明确，工作相互衔接联系得不够多，沟通少，协作少，这导致高校德育很难形成合力。教师在教学科研上往往都是理论性太强，缺乏实践性，管理者则是倾向于具体事务的完成，而忽视了运用德育理论知识去指导德育实践和德育工作的管理，这也是造成目前高校德育针对性、绩效性不高的重要原因之一。要解决这一问题，高校必须严把师资关，重视德育师资队伍的人才培养和引进，让德才兼备、专兼结合、科研能力和管理能力较好的优秀教师进入德育队伍中来，为德育教学、科研、管理工作提供更多的物质技术、政策制度、精神文化等多方面的支持；德育教师必须更多地与管理者和管理部门联系沟通，获取大学生思想道德方面的第一手资料，使教学科研更加切合实际、更加符合大学生思想道德发展的要求，提高高校德育队伍整体的实力。最后，要不断创新高校德育工作者的工作考评机制，提高高校德育工作者对德育工作的工作激情。加强高校德育队伍建设必须建立科学合理的德育队伍考评机制，在年度考核与奖惩、职称与职位晋升等关键环节上形成制度性、机制性的考评制度，对德育教师既要重视其德育方面科研成果的考评与运用，又要重视对其教学实践和实际效果的考核，重视学生对教师教学等方面的评价和反馈；对德育管

理者要从管理的效果、管理的成就、师生对管理者的评价等方面进行考评，同时保证德育管理者在工资待遇、职位职称评定、课题申报、资料设备、学习交流、提高学历等方面与专业教师具有平等的权利和机会，使德育教师能够更好更专心专业地从事德育实践和研究，成为高校德育创新发展的核心推动力。

（四）不断拓展德育未来研究新领域，促进高校德育全面发展

高校德育创新要求高校德育不仅要紧跟时代步伐，解答回应时代问题，同样要求高校德育在纷繁复杂、不断变化的各种社会因素的影响下，提高德育的前瞻性、预测性和主动性，不断拓展高校德育未来研究的新领域，为德育工作做出科学有效的决策，更好地解决实际问题提供可靠的理论参考，逐渐改变以往德育被动、低效和重复研究的弊病，适应国家和社会发展对高校德育的新要求。当前高校德育出现了许多新的研究领域，如隐性道德教育、全球道德教育以及德育社会化、实践化的新要求，等等。特别是随着互联网多媒体技术的发展运用，影响当代大学生价值观和思想意识的因素更多地通过网络化的途径展现出来，高校德育必须着力研究网络德育的这一新领域，把网络思想道德教育作为高校德育研究的重要部分，在网络德育的内容、方式方法和具体途径等方面不断拓展研究。网络媒体技术的出现，使得传统的信息接收和分配方式发生了颠覆性变化，社会不同群体的交往、生活、生产、生活方式，包括人们的思维方式都在不断地发生着深刻变化，社会经济、政治、文化等各领域的发展变化必然影响人们的思想意识和道德伦理。大学生作为知识文化水平较高并广泛接触和使用网络媒体技术的社会群体，他们的情感、思想和伦理道德更加容易受到网络媒体的影响，而虚拟网络世界对大学生思想道德的影响是潜移默化的，这既给高校德育提供了新的技术手段和新的有效途径，但同时也使得高校德育面临着更加错综复杂的教育环境，遭遇了更多更新的挑战。在网络环境下和虚拟社会中，如何对大学生进行思想道德教育，如何实现传统思想政治教育的现代转换，如何规避网络环境的负面影响，如何在虚拟社会中加强大学生的诚信教育、法治教育和中华传统道德文明教育，等等，这些都是网络时代高校德育必须回应的现实问题。加强网络德育研究，各高校要积极开发网络德育资源，实现网络发展与网络德育的良性互动，全面升级和优化高校德育环境，充分发挥网络平台的德育功能，培育大学生的网络伦理和网络道德文明意识，使当代大学生能够文明上网、合法用网，成为有理想、有文化、有道德、有纪律的社会主义现代化建设事业合格的可靠的接班人。同时，高校德育研究还要关注全球化、信息化时代一系列社会伦理道德问题，前瞻后现代化社会可能出现的德育问题，重视大学生在学习生活和实习锻炼期间的思想道德教育问题，关注大学生的情感心理变化，及时对大学生进行人文关怀和帮助，努力拓展高校德育研究的新领域。

第二章 高校德育理念的创新

第一节 创新理论指导下的高校德育创新

一、高校德育理念创新

德育理念创新指人们对德育认知态度、指导思想和基本思路等所进行的创新。德育理念创新的前提和基础是坚持"以人为本"的思想，承认并尊重学生在思想政治教育过程中的主体地位，重视学生作为个体的内心认同、思想接受等的主体能动反映，把塑造学生的健康人格、实现学生的全面和谐发展作为德育的根本出发点。多年来，我们在德育方面所形成的理念形态，是在计划经济体制的客观实践基础上产生的。21 世纪，我国高校德育的外部环境和教育对象都在发生很大变化，伴随社会实践的重大变化，作为意识形态领域的高校德育，在继承优良传统的基础上，必然要不断进行创新，以真正实现育人之功用。

（一）树立"以人为本"的德育理念

传统的德育往往是没有充分考虑人的独立个性和内在需求等因素，站在居高临下的位置，进行呆板的说教，过于"规范"，过于封闭，缺少应有的人文关怀、平等交流和自我教育。这种观念已远远不能适应现在高校德育实际，与学生道德心理发展现实存在很大差距。因此，德育创新，首先要树立"以人为本"的德育理念，把人作为德育的主体和根本，把人的发展作为德育的根本出发点，充分认识和把握人的本性，充分引导和满足人的正当欲望，善于理解和把握人心，最终赢得人心，取得人的信任和教育的主动权。也就是真正实现"以人为本"这一现代教育的基本价值观，解决人的精神激励、灵魂塑造和品格提升问题。

"以人为本"是德育理念的本质内容，是加强和改进高校德育的核心思想。坚持"以人为本"的德育理念，根本目的在于对人性的唤醒和尊重，最广泛地调动人的积极因素，最充分地激发人的创造活力，最大限度地发挥人的主观能动性。强调"以人为本"就是强调学生的主体地位。这里有四层含义：

一是德育工作者要充分认识到自身工作的重要性，增强使命感和责任感，在教育教学过程中使自己的道德素养不断提升。二是德育工作者要全方位关心、爱护学生，充分尊重学生，促进学生人格的完善及道德终极价值关怀的实现。传统的德育目标是纠正学生思想、行为上的偏差，起到教育、规范的作用，而"以人为本"的德育新理念强调学生具有自身的尊严和人格，重视情感因素的作用。三是德育的根本目的是学生的成长，为了学生的成人成才。高校德育要立足于为学生的成才与发展服务，把服务学生放在首位。德育方式要由过去的被动灌输型转变为主动吸引型，要充分发挥学生的主体性、能动性和创造性。德育工作者要深入学生中，和学生广交朋友，了解他们的所思所想，及时加以引导，针对学生思想需求和变化开展教育，甘当学生成才的服务者。四是德育工作者要把大学生德育工作做好，必须把大学生内在的积极性和主动性调动起来，努力使德育成为大学生内在的强烈要求，把德育做到大学生的心里去。

（二）树立系统规划、整体推进的德育理念

当前，要做好德育工作不仅要靠思想政治教育工作队伍，还要靠全体教职工；不仅要靠课堂，还要靠课外；不仅要靠高校，还要靠社会、家庭的大力支持和参与。这里就提出了一个系统规划和整体推进的理念。

高校德育是一项系统工程，应该形成全员育人格局。所谓"全员"就是要在强调对学生加强教育的同时，注重教师的人格形象。高尚的人格形象，能起到情感沟通、形象净化、行为示范等作用。高校的教职员工在进行教书育人、服务育人、管理育人的同时，要以其高尚的思想道德、良好的行为规范、严谨的治学态度对学生起到耳濡目染、潜移默化的作用。传统的德育教育，主要靠思想政治理论课教师、班主任或辅导员、政工干部三支队伍，这是德育的骨干力量，但这是远远不够的。为此，就必须做到全员育人，并处理好全员与德育专职队伍的关系。一方面，德育专职队伍必须依靠全员的渗透作用才能使德育和其他各方面相结合，同时，依靠专职队伍的带动和指导，才能提高德育的深度和针对性；另一方面，只有提高了全员育人的认识程度，充分发挥全员育人的积极性、主动性，才能使德育变得生动具体。在全员育人的过程中，要使每一名教职工明确自己所肩负的德育使命，形成统一的教育思想，言传身教，创造一种德育环境，用这种氛围影响学生。

高校德育是一项整体工程，首先，它需要党委统一领导，党政工团齐抓共管。德育存在相互作用和相互依存的要素，包括学校的宣传、学生工作、后勤、组织、人事、教学等部门，也包括一线教师和广大学生。其次，大学德育工作受到中小学德育工作的影响，更受到社会大环境的影响，是与中小学德育、整个社会大环境相互作用的。从横向上来看，

学校只是德育工作中的一个环节，家庭、社会在德育工作中具有重要作用。因此，必须努力形成学校、家庭和社会相互配合的工作格局，系统规划，整体推进，保证德育的效果。从纵向上来看，青年思想道德素质的培养是一个动态的过程，德育工作也是一个动态发展的过程。在系统规划方面，高校德育还要重视与中小学德育的衔接，防止各个阶段教育的脱节。尤其是要加强研究，准确把握教育规律，了解不同教育阶段学生的身心特点、思想实际和理解接受能力，充分体现科学性、循序渐进的要求，科学地设置德育课程，从而使学校德育更具科学性和针对性。

（三）树立实践育人的德育理念

实践是人们能动地改造和探索现实世界的一切社会性的客观物质活动。只有通过实践才能"知行合一"，促进理论学习向内在品质的转化。所谓"实践出真知"表明了实践对于人们形成正确的认识有举足轻重的作用。树立德育实践观，就是要求我们在德育中高度重视实践育人的作用，切实加强德育的实践性，使学生在德育的实践中自己得出正确的结论并逐步养成正确的行为规范和优良品格。社会实践具有以下德育价值：

第一，社会实践是政治和道德知识的检验场，是强化政治和道德认识的途径。社会实践有助于学生进一步明确真、善、美与假、恶、丑的标准；有助于学生把自己与他人进行适当地比较，从而为自己找到合理的评价参照系，体悟到社会对自己的殷切期望；有助于将所学到的道德知识运用于实践。在实践中，学生面临着复杂的行为选择、评价，所掌握的知识理论可以逐步实现创造性转化，变成高超的智慧和良好的日常习惯，形成积极的社会适应性。

第二，社会实践是高校德育所传导的积极精神的重要载体。实践教育的最直接结果是逐步培养起学生的实践观念。实践活动有利于培养学生热爱劳动、热爱劳动人民、珍惜劳动成果的思想感情；有利于培养学生的创新精神，吃苦耐劳的作风，协作观念、全局意识和奉献精神，劳动纪律意识及艰苦创业、勤俭节约的优良品质等。

第三，社会实践是学生获得道德体验的主要方式。学生可以通过社会实践体验劳动过程的复杂艰辛，体验劳动取得成果时的喜悦，体验劳动的社会意义和个体价值，体验劳动过程中人际和谐、团队合作的必要性，体验劳动过程中的科学精神、创新意识对于社会发展的重要意义。

第四，社会实践是学生通向社会的桥梁，是个体适应社会角色的途径。社会实践作为人的社会化的重要途径，在促进高等教育与未来社会发展相适应以及在有限的学校教育里使学生逐步完成社会角色的转变方面，发挥着十分重要的作用。

因此，高校要加强实践环节，通过让大学生广泛参与社会实践，增强大学生的道德体验，从而促进其道德养成和基本素质的提高。

（四）树立开放性的德育理念

当今世界是开放的世界，而德育教育则是面向世界的开放的教育。当前德育教育应从全人类的共同利益出发，强调人类的共同发展和共同进步，要注重培养人的开放意识以及竞争合作精神。21世纪以来，国际政治经济形势比较复杂，现代科学技术突飞猛进，人们的理想和信念也面临着新的挑战。在此情况下，高校德育必须深入社会生活实际，必须适应我国社会的发展要求，以增强其实效性。

树立开放性的德育观念，必须扩大德育的视野。高校德育必须从政治的高度，深入开展社会主义、爱国主义、集体主义教育。要坚持科学发展观，坚持"以人为本"，促进和谐社会建设。要努力克服当前高校德育中的封闭性，拓宽思路，在德育目标、内容、方法方面都要增强开放性，以促进学生个性的发展和德育教育的实效。

德育创新是高校素质教育的灵魂，德育理念的创新是高校德育创新的灵魂。

通过理念创新推动内容、方法、环境、机制等其他各方面的创新，不断在实践中探索前进，这是不断推进大学生德育的长久之道。高校德育工作者只有坚持解放思想，实事求是，与时俱进，以发展的眼光审视高校德育，以扎实的工作推动高校德育，坚持树立"以人为本"的德育理念、系统规划和整体推进的德育理念、实践育人的德育理念、开放性的德育理念，并且把这些德育理念不断地落实体现到德育实践中，德育才能真正地与时俱进并不断发展。

二、高校德育内容创新

现代德育包括政治教育、思想教育、道德教育、法纪教育和心理教育等内容。内容的创新主要体现为思想政治教育与人才成长教育的统一，思想政治教育与人文精神培育的统一，思想政治教育与学生个性发展的统一，主旋律教育与审美观教育的统一。处于心智发展高峰期的大学生兴趣广泛，精力旺盛，充满了对知识和信息的渴求，但凭借他们自身的理论水平和分析能力无法对获得的各种各样的知识和信息进行有效的梳理和整合，因而需要教师的帮助和指导。这就要求高校德育要与时俱进，要注重教育内容的科学性与伦理性、政治性与历史性、民族性与世界性的有机结合，培养学生的诚信意识、效率意识、合作意识、竞争意识和创新意识等，从而帮助学生树立正确的道德观、人生观、价值观和世界观。

（一）德育内容与建设社会主义核心价值体系相适应

社会主义核心价值体系作为意识形态的精神产品，对于提高人们的思想水平、精神境界、道德情操，以及人格的完善和主体性的提升都有着重大的促进意义。

1. 引导学生树立正确的世界观和方法论

当代大学生是伴随改革开放成长起来的，他们切身感受到中国特色社会主义理论体系在实践中的巨大指导作用，因而学起来有着一定的实践和感受基础，是学好用好的有利因素。其中，特别强调开展中国特色社会主义理论体系的立场、观点和方法教育。中国特色社会主义理论体系充满了唯物论和辩证法，是大学生树立正确的立场、观点和方法的有力的思想武器。当代大学生认知方式偏重直观化。直观式的认知方式是认识主体在认识客观世界过程中的一种非理性因素的作用，这种非理性的认识很可能导致认识主体对事物的片面认识，陷入盲目性。另外，当代大学生个体意识也日益强烈，他们在认知、意志、情感等方面更注重自己意识的独立性，不人云亦云，随波逐流，然而个体意识的负强化会带来对事物分析判断以及实践中的偏执。大学生的思想特点充分印证了必须加强对大学生的马克思主义立场、观点、方法教育，以提高他们分析问题和解决问题的能力。

2. 培养学生的民族精神和时代精神

以爱国主义为核心的民族精神和以改革创新为核心的时代精神，是社会主义核心价值体系的精髓，也是我们开展思想政治教育的重要内容。对民族精神的教育要系统地而不是零散地、全面地而不是片面地、连续地而不是间断地开展鲜活、生动、深刻的教育，使大学生从中汲取营养，培养民族自豪感和自信心。同时，培养大学生以改革创新为核心的时代精神，不断培养创新的优秀品格。创新不仅是一种思维和能力的表征，同时也蕴含了世界观、方法论和思想品德。将创新纳入德育内容体系本身就是一个创新，鼓励大学生在坚定中国特色社会主义理想信念的基础上，主动学习、处理和运用新知识、新信息，尤其是要瞄准那些富于时代特征、代表历史发展趋势、具有强大生命力的事物，努力使思想与时代发展同步，从而在不断创新过程中历练大学生的时代精神。

3. 教育学生树立以社会主义荣辱观为主要内容的社会主义道德观

社会主义荣辱观是社会主义核心价值体系的道德基础。社会主义荣辱观作为社会主义核心价值体系的重要组成部分，体现了社会主义的价值导向，同时也规定了社会道德行为的价值标准与评价尺度。高校要切实把社会主义荣辱观教育作为学生思想道德建设的重要内容。这里要培养大学生三种意识：一是培养道德责任意识。道德责任体现社会性和个体性两个层面。道德责任的社会性即道德主体的道德品行要对整个社会负责，以自身高尚的德性换得他人的快乐和社会的和谐；道德责任的个体性即道德主体个人对自身负责，这是完善人性、提升人格、追求幸福的需要。二是培养道德自律意识。道德自律的特征是道德主体将外在约束转换成主体自身的意志约束，使主体为自己立法，自觉践行社会的道德要求。三是培养道德践行意识。社会主义荣辱观本身是一种道德价值形态，它是人们以荣辱评价的方式进行社会调节的规范手段和人自我完善的一种实践精神。为培养这三种意识，教育教学活动要针对学生的思想特点，注重内容与形式的统一、理论与实践的统一，有效发挥课堂教学的主阵地、主渠道作用，引导大学生在实践中身体力行，将荣辱观的道理外化为高尚的行为，并养成一种良好的行为习惯，做到他律向自律的转化。

（二）德育内容创新应与德育工作的实际相适应

随着社会的发展，经济和社会的变革，高校德育的内容必须随着时代的发展而不断地推陈出新。首先，高校德育的内容要增加科技知识含量。在知识经济时代，现代科学技术知识的普及和应用可以与德育相辅相成，有效地增强德育的现代化与科学化，帮助学生远离各种愚昧，树立辩证唯物主义世界观。其次，高校德育的内容也要解放思想，实事求是。对于外来文化与道德，要敢于取其精华，去其糟粕，为我所用。同时，对于我国传统的道德与文化，也要敢于推陈出新，不断进行完善和补充。高校德育内容只有与时俱进，体现时代特征，才能收到理想的效果。最后，高校德育内容要从大学生的思想实际出发，避免空泛的道德说教，应针对现代学生的思想特征、情感和行为特征，紧密联系国际环境和国内改革开放的实际，讲实话，讲心里话，既以理服人，又以情感人。

1. 重视文化素质教育

文化不仅是社会伦理的构成要素和支撑杠杆，而且是社会道德的构成要素和支撑杠杆。高层次的道德感和社会责任感主要依靠文化的积淀。文化是一种精神富有，是一种从内心深处流淌的思想，是人必不可少的基本素质。没有坚实的文化积累、开阔的文化视野、深厚的文化素养，即使足够聪明，也不是大智慧，也成不了大器。道德需要文化的滋养，教育需要文化的烘托。因此，要按照全面推进素质教育要求，确立文化素质的基础地位，将文化素质教育思想落实到人才培养的全过程，促进科学教育与人文教育的融合，使大学生获得整体全面的发展。

2. 重视创新精神教育

高校是培养高素质人才的摇篮，也是知识创新的重要基地。重视和培养大学生的创新精神和创新能力，开展创新活动，对全面推进素质教育和科教兴国战略，具有重要的现实意义和深远的历史意义。首先，创新教育是贯彻党的教育方针，培养高科技人才的需要。高校要把培养大学生的创新意识、创新精神和创新能力作为自己重要的工作目标，为培养创新人才提供更为宽松的成长环境。其次，创新教育是迎接知识经济和新科技革命的需要。发展知识经济，推动新科技革命的迅速发展，就必须依靠科技创新，依靠创新人才，这一时代任务必然落在创新教育的肩上。知识经济呼唤创新教育，已成为世界各国发展经济的战略共识。最后，实施创新教育是全面推进素质教育的重要突破口。通过创新教育活动，发展和培养学生的创造性思维能力、科学能力、实践能力，以及自主学习的品质、创新开拓的意识等素质，是促使应试教育向素质教育转轨的重要举措。

3. 重视竞争意识教育

在社会主义市场经济条件下，竞争已渗透到社会生活的各个领域，高校的大学生也面临各种竞争问题，如何以正确的竞争意识参与激烈的竞争中，实现竞争对社会有利的一面，同时规避竞争带来的不利方面，维持整个校园乃至社会的和谐和进步是一个不容忽视的问题。因此，大学生要正确认识竞争、树立正确的竞争意识。当代大学生应该在学习生活中彻底摒弃消极无为的旧观念，树立积极进取、永不自满、敢为人先、勇于竞争的积极有为的新观念，努力克服自卑心理，在竞争面前不要恐惧逃避，要勇敢地参与其中，在竞争中展现自己的能力、进一步发掘自身的潜力。首先，大学生在参与竞争之前，对自己的能力和弱点要进行全盘扫描、充分认识，在此基础上对自己有一个合理的定位，确定符合自身实际情况的竞争目标。其次，要在各种竞争面前抱着积极的心态。大学生在校期间，有很多参与竞争的机会，各种演讲比赛、辩论赛、运动会、知识竞赛、创业大赛等都在全国高校如火如荼地开展，给当代大学生提供了很多参与竞争、展示才华的好机会。在校大学生应当珍惜这些机会，积极参与其中，享受竞争的过程，总结成功失败的经验教训，逐渐提高自己的心理承受能力，从而使自己在今后的学习生活中心态更加成熟稳定，行为更加理性。

4. 重视心理健康教育

社会发展，竞争加剧，大学生心理问题日益突出。心理健康教育应侧重于学生的客观的自我评价、良好的情绪调控能力、坚强的意志品质、积极进取的人生态度、健全的人格特征、和谐相处的交往能力以及良好的心理调适能力和社会适应能力。要根据大学生身心发展特点和教育规律，注重培养学生的自尊、自爱、自律、自强的优良品格，增强克服困难、经受考验、承受挫折的能力。要制订心理健康教育计划，确定教育内容方法，建立健全专门机构，积极开展心理健康教育和心理咨询辅导，引导大学生健康成长。

第二节　高校德育理念的历史反思与现实审视

一、高校德育理念的历史反思

传统高校德育理念是指过去的、历史上出现过，并依然在现实中发挥一定作用的高校德育理念。任何现代德育理念都离不开传统德育理念这个基础，都需要传统德育理念的精神支撑，现代德育理念的创新发展正是对传统德育理念的继承、整合、创新与超越。但传统德育理念中也不都是精华，它还存在很多糟粕，具有诸多弊病，造成了传统德育理念的"人学空场"。传统高校德育理念的弊病不仅造成了高校德育一定程度上的低效，更对现代高校德育理念具有深层次的负面效应。仔细考察我国传统高校德育理念的发展轨迹，不难发现，我国高校有悖于以人为本的传统高校德育理念主要有：知性德育理念、物本德育理念及单向灌输德育理念。

（一）知性德育理念的弊端

高校德育要培养掌握先进文化知识的人。但在实际工作中我们有些人却将德育片面归于一种知识的掌握。人们之所以不能行善，是因为人们对善的无知，只要人们掌握了美德的知识，就能够按照美德的要求成为一个有道德的人。德育就是要使人先被抽象为一种"知识"，然后去伪存真，找出"最科学""最终极"的知识。这实质是用一种抽象化的方式对人的德育实践加以理解。

人的本质不是单个人所固有的抽象物，在其现实性上，它是一切社会关系的总和。人们自己创造自己的历史，但是他们并不是随心所欲地创造，并不是在他们自己选定的条件下创造，而是在直接碰到的、既定的、从过去承继下来的条件下创造。人是社会现实之人，不能把人陷入抽象概念的困境之中，应使其跳出知识论扩张下的迷途与困局。而知性德育理念却使人的概念变成了现实生活中诸多具体个人的一种抽象，扼杀了高校德育本身应有的生命力与感召力，成了一种与大学生现实生活脱钩的缺乏针对性的象牙塔里的玄谈空论，造成了大学生的身心浮躁与疲惫，造成了对知性德育的偏执与生活德育的淡忘，造成了德育工作的错位，使高校德育陷入了一种自相矛盾的僵局。第一，知性德育理念是一种对象化与割裂化的德育理念。它遵循知识与认知的逻辑，夸大知识在高校大学生培养中的作用，过分凸显学生的"书本世界"，片面注重书本纯粹知识与技能的教与学，单纯重视对学生脱离生活的推理说教，轻视、疏远与放弃了大学生丰富的生活世界，没有处理好书本知识与生活意蕴之间的合理张力；它将人与现实生活世界相隔离，淡化高校德育科学发展的奠基性平台，使高校德育走向异化，成了一种被束之高阁的象牙塔里的抽象思辨，遗忘了知识家园的生活价值与最终归宿。第二，知性德育理念只沉迷于学生个体的理性判断与选择之维。它关注的只是学生个体道德理性与政治分析能力的张扬，漠视与冷落了对学生的道德情感、动机等非理性因素的培养，否认了学生的主体位置，忽视了学生的文化积淀，使学生沦为被动接受道德教义、缺乏丰富多彩性的理性工具，阻碍了学生自我建构能力的培养，对学生的分数过分关注，也造成了学生对分数的过分倚重与"超级崇拜"，而忽视了人格的培养，产生了一种大学生有德育知识无德育文化的悖论。第三，知性德育理念没有处理好知识评估与行为践履之间的关系。它缺乏对知行命题内在复杂性与紧张性的理性思索，片面强调德性中知的一面，忽视了行的环节，在实践中往往使道德变成了在课堂上谈论的东西，而不是需要身体力行的东西，忽视了高校德育创新与发展的社会场景与微观心理活动，使大学生日益变得"知行脱节"与"言行不一"，造成高校德育在知与行高度紧张中的僵化、片面甚至畸形发展。

（二）物本德育理念的弊端

物本德育理念，是指在德育中存在的一种片面强调德育的社会外在价值，而忽视德育育人的内在关怀，轻视乃至淡忘德育长期效益，仅要求德育出现即时与显性效果的一种具有急功近利倾向的德育理念。物本德育理念下的高校德育为市场经济所主宰与异化，忽略了人的价值与意义，出现了主体性的偏差。师生平等关系发生了质的变化，教师成了兜售知识的商贩，大学生仅仅是高校德育用来统一模塑的工具，从而使高校德育无法张扬自己的教育主张，丧失了自身的超越品格。这种德育理念忽视学生的主体性与情境性，仅把学生看成对外部刺激做出被动反应的动物，漠视和压制大学生自身发展的内在需求，忽视德育自身的人文关怀，从而使大学生的眼光仅限于眼前，仅限于对物质富足的追求，而失去了对人生意义和价值的追求，并认为人生终极意义与目标的诉求只是一个"无聊"的问题。由于过分强调结果的实效性，把德育对象培养成只是失去自身丰富性的、纯粹的经济动物。在这种情况下，现金支付成为人与人之间联系的唯一纽带。对物的依赖把刚从人的依赖关系中解放出来的人变成了物的奴隶，形成了物化的社会。最终带来的只有德育地位的下降、德育效度的缺损与德育信度的丧失，造成了高校德育中严重的"人的缺位"。

（三）单向灌输理念的弊端

将学生视为"物"，必然导致教育者的"独语"，即形成一种片面的"单向灌输理念"，对学生进行片面的"单向灌输"。相较于站在"成人"立场上的以人为本德育理念而言，这种"单向灌输理念"是一种有害的"非人本"德育理念。这种灌输的主要特征是把教育对象当作可被别人占有的东西，作为国家驯服工具来培养，作为美德之袋进行德育注入；实施居高临下的单向影响，师生之间是权威与服从的关系。

"教育"的过程是一个引出"人"来的过程，"教育"就是使自在的存在通过培养成为自为的存在。单向灌输德育理念是建立在师生关系不平等和工具化的基础上的。这种德育理念带来的只能是大学生主体地位的缺失，只能是大学生作为自在的人的延续。在实际工作中，这种德育理念忽视了大学生的生活世界，忽视了大学生的变动性、未完成性、创造性、自由个性与作为意志主体的自我独立性，忽视了大学生的道德情感的激发与培养。这种德育理念下的教师往往以一种居高临下的"权威者"的姿态出现，对学生进行一种统一规划与"自上而下"的"填鸭式"的教育。单向灌输理念下的高校德育是一个单向灌输、机械决定的过程，这一过程中的大学生没有思考，没有反省，没有批判，没有超越，唯一能做的就是毫无尊严地被动接受。尤其是随着现代科技主义与工具理性的发展，教师与学生之间的关系更是出现了严重的失衡，师生之间的交往变成了单纯的抽象的知识信息与经验的单向灌输、传授，否认了大学生的主体性、完整性、能动性与选择性，严重压制了大学生自主创新意识的发展，造成了学生作为"人"的情感的缺失。学生所具有的只是一种依附性的人格，只能木讷接受、毫无自由，只能进行表面应付，只能成为一种毫无创造性的被动的"利他"的工具。这导致了学生本性的淹没与本真价值的失落。

二、高校德育理念的现实困境

改革开放以来，我国高校德育迎来了很多发展机遇，同时也面临着前所未有的挑战。我国高校德育通过在回应挑战中的艰辛探索，取得了积极的进展，从而增强了社会和时代适应性，对培养中国特色社会主义建设者和接班人发挥了重要的作用。但由于高校德育具有一个"大气候"与"小气候"的关系问题，加之传统思维的惯性、时代变迁的特殊性及不良思潮的影响，当下我国高校德育在"以人为本"这一崇高理念不断向前发展的同时，也陷入了诸多的矛盾困扰与现实困境，直接影响了高校德育的育人铸魂工程建构。高校德育正面临着社会转型中的不同道德体系的激烈挤压、碰撞与交融，面临着一个艰苦的磨合过程，高校德育及其理念的创新与发展承载着巨大压力，高校德育中人的健康发展、和谐发展、全面发展受到了一系列的困扰。

（一）高校德育崇高性与市场经济工具性之间的矛盾

改革开放以来，市场经济的确立与快速发展，使人逐步从自然经济的宰制中得以解脱。市场经济的竞争及对效益的追求，铸就了人们不甘落后、积极进取的效率意识和务实精神，市场经济的逐步完善给人的主体性及自由全面发展带来了良好的契机。而市场经济的各种缺陷也给人的发展带来了一些不利的影响。高校德育是一项塑造人的灵魂的神圣而崇高的工作，它的本质在于"铸魂"，它是高校教育工作的坚强支柱，在高等教育中具有不可替代的特殊地位与作用。然而，在市场经济的强力冲击下，高校德育也被加以市场化、工具化、短视化。工具理性的过分张扬，使高校德育的价值理性受到压抑，高校德育的崇高性受到了工具性的挤压，高校德育的价值与作用受到了怀疑，甚至被颠覆。

市场经济的趋利性，助长了不良价值观的蔓延甚至泛滥；市场经济对知识在学习中所占核心地位的突出，使德育的作用与意义遭遇了前所未有的挑战；市场经济对眼前利益与发展机会的空前关注，使高校德育倡导的个人对崇高理想与长远目标的追求消解；市场经济体制多元价值的影响与个人本位的片面追求，使高校德育价值取向中的各种消极因素不断增加；市场经济把人及人的生活方式的物化，使人自身发展的全面丰富性遭到空前压抑，出现了人与自身的不和谐，心灵遭受创伤，人正被片面的物质享受与可怕的精神贫困所撕裂，被异化为只考虑自身利益的一种单面的怪物。于是部分大学生出现了不同程度的心理失衡，是非善恶不分，理想、信念缺失，人文精神匮乏。

（二）高校德育公利性与家庭德育功利性之间的矛盾

我国是一个有着悠久历史文化传统的国家，传统对现代社会有着深远的影响，作为社会细胞的家庭自然也不例外。中国伦理重视私德而轻视对人的公德的培养，亦即重家庭伦理而轻社会伦理和国家伦理。因此，长期以来中国家庭伦理奉行的是一种功利化的理念。整体主义是中国传统社会中个人的基本价值取向，而家族主义则是整体主义的主要表现。自古以来，在中国，家庭对个人有着至关重要的意义。个人依附于家庭，家庭是个人生命的载体，而个人也必须维护家族利益，以家庭和谐为目的。个人生下来就要为家庭而奋斗，"修身、齐家、治国、平天下"是人成长的座右铭，出人头地、金榜题名、光宗耀祖就是人生在世的主要目的。

家庭是子女心灵的港湾，而父母是孩子的第一任老师，个体的早期社会化是在家庭中父母的引导下完成的。在中国家庭中，子女是父母的全部，是家庭的中心，子女的个人功利成就是父母的终极价值追求。因此，中国的家庭德育实质上是一种功利性教育，是一种以子女为中心的个人本位的德育。父母在家庭中对子女个人物质、精神资源的满足，实质上是对子女利己需求的满足，具有个人化与私人化的特点。同样，在家庭德育中父母对子女也寄予非常功利化的祈盼，"望子成龙""望女成凤"即现实生活鲜明的写照。许多父母注重子女对家庭的责任，将子女的成长成才与家族荣辱连在一起。由于功利心的驱使，许多父母只注重子女对知识的学习、能力的造就，而忽视了对子女德性的培养，当子女或家庭的个人私利与社会利益相悖时，往往将子女个人利益置于社会利益之上，忽视甚至牺牲了子女对社会的责任，割裂了个人利益与社会整体利益的内在关联。

而学校教育旨在为现代文明社会培养公民，换言之，它要求一个人会过民主和法治的生活，会在民主和法治的社会条件下过尊重法律、尊重道德和尊重他人的生活，而这种公民的基本素质是需要在学校生活中逐步养成的。因此，满足社会整体利益与价值是高校德育的价值诉求，社会公利是高校德育的基本价值导向和一贯秉乘的德育理念，高校德育及德育理念，具有强烈的公利性、公益性和公共性色彩。高校德育在理念上强调的是对学生社会责任的培养，强调的是学生对祖国和人民的奉献精神，强调个人价值与社会价值的有机统一。而这与家庭德育以子女为中心的功利性是矛盾的，家庭德育具有明显的个人化与私人化特点。家庭德育的功利性往往给高校德育公利性的开展带来无形的障碍与损害，消解了高校德育的实际效果。高校德育如何实现对家庭德育及其功利性理念的扬弃与超越，从而增强对大学生的吸引力，提高德育育人的实效性，依然是当代中国一个有待解决的时代性难题。

（三）高校德育价值追求与高校生存发展之间的矛盾

高校德育的价值追求可以说是高校德育的预存立场与指导思想，它同时也是有着明确的价值指归的德育实践。高校德育价值追求直接影响着高校德育工作的成效与价值，是高校德育的核心问题。它应与时俱进，与社会发展需要相契合，与时代背景相一致，与大学生的身心发展规律、特点相适应。但人类社会的不断进步，信息科技的迅猛发展，市场经济的高速腾飞，对高等教育的发展也提出了更多、更高的要求，高校的生存发展面临着很大的压力。近年来，在商业利益的巨大驱动下，伴随巨大的竞争压力，高校改革进行得如火如荼，而当前高等教育中德育的改革与发展在取得一定成绩的同时，也进入了矛盾的凸显期。高校德育的应然价值追求与高校德育的现实生存发展的矛盾日益突出，高校对自身生存发展的关切，压倒了对高校德育价值的重视，高校德育处于一种尴尬的境地。面对浮躁的社会现实，高校德育丧失了自身独立的价值判断，世俗的价值标准影响了高校德育自身的价值追求。

把大学生培养成自由全面发展的人，是高校德育及其理念的根本宗旨、终极价值追求，以人为本是高校德育及其理念的基本价值。以人为本不仅要使大学生掌握知识、学会做事，更要使大学生学会做人，学会正确处理自己与他人、主体与客体的关系，使大学生成为有志有为、德才兼备之人，最终达成人性完善与自由全面发展的目标。但高校生存发展的压力，使高校无暇顾及或根本就漠视了高校德育的基本价值与终极价值追求，高校德育的发展表现出了明显的工具理性与工具论的倾向。外在的社会需求与大学生内在的人性需求矛盾日益突出，工具理性与价值理性的矛盾更加凸显，受市场经济消极的负面影响，高校发展和人才培养出现了误区。培养出的大学生的质量是衡量高校发展质量高低的根本，而高质量的大学生不仅要有知识、有能力，更要有创新精神与德性。一切为了大学生，一切为了大学生的成长与成才，是德育工作的核心，它要实现德育的社会价值与个体价值的统一。学会做人是大学生立身之本，只有智商没有智慧，只有文化没有修养，只有欲望没有修养，只有知识没有独创的人，不是一个健全完整的人。

而高校在生存发展中一味被动迎合社会的需要，以功利性与工具性的价值追求，湮没了对大学生健全人格与完美人性的培养，忽视了大学生全面素质的培养与长期、本质的人的塑造，抹杀了人的个体性与差异性、积极性与创造性，不利于大学生的主体性与自由个性的发展，结果只能有损高校自身的可持续发展。

（四）高校德育目标过高与德育效果甚微之间的矛盾

高校德育目标是高校德育过程的灵魂与主线，它本身具有导向、调控、激励和标尺的功能。高校在设置德育目标时，应遵循以人为本的德育理念，既考虑受教育者本人的个人愿望与内在需求，又考虑社会的整体发展，既要兼顾个体与整体，又要兼顾长远与当下。在德育中，既要尊重大学生的情感，不断满足和提高大学生物质、精神、社会等方面的合理需求，又要注意培养大学生高尚的社会情怀与爱国情操，使大学生的个人愿望、个人需要符合社会的需要与发展趋势。即既要使大学生的个人愿望与需求社会化，又要使社会整体利益"个体化"与"具体化"，从而实现大学生个人与社会整体利益的有机结合。

高校德育的目标与大学生的个人发展需求应该是一致的，但现实中二者之间往往存在诸多矛盾，导致了高校德育收效甚微。我国高校德育的目标长期存在着一种盲目的理想主义倾向，目标往往定得过于纯粹，过于高尚、理想化与统一化。这种高校德育目标过分强调德育的社会服务功能与社会价值取向，忽略了大学生个人需要、个性发展、主动性与创造性。在这种过高的目标下，高校在实施德育的过程中，往往对大学生进行完美主义的品德追求，这与高校德育规律及大学生发展规律产生了严重的背离。高校德育遗忘了作为人的本质的能动性与主动性，呈现出一种肤浅的功利化价值取向。以整齐划一的社会本位取代了以人为本，使高校德育沦为了一种实现社会现代化的工具，使得本已过高的高校德育目标变得更加难以企及，使大学生对高校德育不甚满意，甚至出现了厌恶情绪。德育效果甚微，最终导致的只是大学生自主性、主体性与个体精神性的丧失，使大学生沦为一种被动接受的工具。

在我们一直认为高校德育目标过高，在市场经济快速发展、科学技术突飞猛进、金钱至上的今天，德育目标似乎更是"空中楼阁"，遥不可及的同时，我们却发现高校德育正走向另外一个极端。以前倡导的道德目标体系似乎一夜之间走向了倒塌，大学生最起码的道德底线好像也已丧失。对部分大学生来说，高校德育目标也应遵循一种实用主义的原则，对己有利则选取，不利则抛弃。

第三节 "以人为本"高校德育理念的创新建构

高校德育理念不仅是一个观念或理论上的问题，更是一个具体实践问题。因为理论终究要回归实践，并接受实践这个唯一标准的检验。对高校德育理念的创新建构，不是对传统德育的简单抛弃，而是在继承基础上的新的探索，在反思基础上的积极扬弃与超越、提升。高校"以人为本"德育理念的创新建构，实质上就是通过对传统德育的继承和新的探索，在思想、理论与实践层面切实体现"以人为本"，真正使"以人为本"这一理念成为德育思维的根本性逻辑支点，成为德育实践的根本原则与方法的灵魂。

一、牢固确立为了学生与依靠学生相统一的观念

在人类发展的历史长河中，人始终是科技发展、社会进步的主人与目的，更是世界发展的动力与灵魂，"以人为本"的理念正是这一思想的重要体现。"以人为本"不仅回答了为什么发展，即发展"为了谁"的问题，而且回答了怎样发展，即发展"依靠谁"的问题。它主张人不仅是发展的根本目的，也是发展的根本动力，并认为只有二者的有机统一，才能构成"以人为本"的完整内容。因此，高校建构"以人为本"的德育理念，首先就要在指导思想上牢固确立"为了学生"与"依靠学生"相统一的观念。

（一）一切为了学生

"以人为本"高校德育理念的根本含义是以人为中心，一切为了人，一切依靠人。其中更为根本的是一切为了人。因此，在高校德育中坚持"以人为本"首先在思想上就要认识到，大学生是高校德育发展的本质目的，高校德育的发展就是"一切为了学生""为了一切学生""为了学生的一切"。这就要切实做到：

第一，将学生的成长成才作为高校德育的出发点和归宿，把关爱学生作为德育工作的基础，合理利用学校的有效资源做好德育工作。

第二，在课堂教学中建立师生双方的互动模式，改变过去教师单向知识灌输的理念，切实尊重学生的情感、需要，尊重学生的个性与主体性需求，注重学生对德育知识的内化与吸收，切实调动学生的学习积极性，提高学生的德育实践能力，从而达到德育知识的融

会贯通，并能自觉做到学以致用。

第三，更加关注大学生自身价值的实现与社会的归属感，尊重、重视每一位大学生正当的利益需要与人格尊严，要积极为优秀学生、学习干部及学生党员创造有利条件，保障他们更好地成长与成才；对高校中家庭经济困难的学生，给予情感的关怀与真诚的帮助，帮助他们建立起自信，对那些存在潜在的心理问题的学生，给予重点的关注，予以适当、积极的引导，让他们更加健康地成长。

第四，树立全方位育人的理念，切实为大学生营造良好的环境与获得全方位培养的氛围，通过创造性地开展一些体验式课堂教学、素质拓展游戏、进行主旋律教育等丰富多彩的活动，让大学生在提高能力的同时，达到形成良好的道德素养与行为习惯的目的。

第五，通过学风建设、班级和宿舍的日常管理，通过鼓励大学生对各种实践活动的积极参与，培养他们的协作精神、创新精神与科研能力；通过个人或团体的方式，对大学生进行必要的辅导，帮助学生较好地完成自我认知，做好自己的职业生涯规划，从而切实减轻学生面对严峻的就业压力所产生的心理负担，从而以满腔的热情投身到社会主义和谐社会的建设，更加自信与欢快地迎接美好的明天。如此，方能切实提高高校德育的针对性与实效性。

（二）自觉将外在要求转化为内在需要

"为了学生"是"以人为本"高校德育理念的价值追求，而"为了学生"必须建立在"依靠学生"的基础之上。因为"依靠学生"是真正实现"以人为本"的力量源泉与动力之源。停留在他律阶段的道德规范，无论人们怎样尽职地去遵循它，它终究是一种外在于道德主体的"异己"力量；只要道德主体尚未将道德规范内化为自己的道德品格，尚未走完从他律到自律的历程，那么道德规范的道德性就是不完全的，即不是严格意义上的道德规范。道德是人为自身的立法。德育应该是人内在的自觉需要，而非任何外在的强制。因此，"以人为本"高校德育理念的建构并取得实效，归根结底还得要靠大学生自身的努力，通过大学生积极性、主动性和创造性的充分调动与积极发挥。这就需要在观念上实现大学生由高校德育的客体到主体的转变。即转变工具论的德育功能观，尊重大学生作为"人"的本质特征，切实把学生看作高校德育工作的主体，认识到学生具有高度的独立性、自主性、能动性、创造性与主体性，尊重学生的需要、自由、尊严与终极价值，尊重学生自主话语权、取向权与选择权，不断造就学生新的需要、能力、素质、行为与活动方式，培养学生的主体意识与审美情趣，丰富学生的经验与学识，发挥学生的潜能，提高学生的实践能力，塑造学生高尚品德与良好品质。充分发挥大学生的主观能动性，发挥他们的自我教育作用，通过他们学习能力、思维能力、判断能力、实践能力与创新能力的不断提高，让学生自己教育自己、自己塑造自己，并通过同学之间的相互教育，达到彼此的互动与互助。如此，学生方能逐步与教育者产生情感的共鸣，自觉、主动地用理性去衡量与解决各种矛盾与冲突，自觉树立起与时俱进的时代精神，养成良好的道德品质，积极培养自身高尚的道德情操，真正将德育知识外在的"占有"上升到对德育本真的内在"获得"。只有努力发挥大学生自身的作用，通过他们自身的自我教育与自我完善，他们才能切身感受到"以人为本"高校德育理念中"为了学生"的本质内涵，并通过积极的行动落实，达到大学生自身素质的提高，实现自我价值，从而使"以人为本"的高校德育真正取得事半功倍的功效。

二、聚焦大学生的自由全面发展

（一）从高校德育无根性向终极价值关怀转化

培养真善美统一的完美人格，便是教育的终极价值。真善美的统一，可以实现人对自身本质的科学、合理与全面的占有，实现人与自然、社会、他人及自身的和谐统一，这当然也是高校德育的最高目标。但这毕竟是一个应然目标，离现实还有一定的距离。在高校德育教育研究中，有的人在反思以往德育目标过高的同时，又走向了另一极端，即走向了对高远德育目标的盲目否定，缺乏对德育目标深入的研究与理性分析，而是简单否定。而这种简单的否定，带来的只是人的精神家园的迷失，只是人的德性的匮乏。在高校，只有使德育目标转向对大学生的终极价值关怀，才能使大学生树立起更加远大的理想，具有更强大的精神支撑，才能使他们在痛苦、彷徨与困惑中找回自己迷失的灵魂，生活得更加丰富多彩、充满自信与活力。

（二）从德育目标泛化向德育目标人性化转化

我国高校在德育目标的确立上，往往只注重目标的高尚性、统一性与同一化。德育目标忽视了人的本质，忽视了大学生的德性培养、人格完善与可接受性。忽视了德育的现实外部环境，缺乏社会性、适应性、层次性、渐进性与个体适应性的有机统一，从而使高校德育仅仅流于一种"假、大、空"的说教。导致高校德育的可操作性与实效行动低下，不利于大学生的健康成长与成才。高校确立以人为本的德育理念，就要在德育目标上实现从泛化向人性化的转变，逐步形成和发展大学生的主体性道德人格，回归大学生的现实生活与内外环境，尊重大学生的主体地位与个体差异性，兼顾个人利益与社会整体、人类终极价值需要。对大学生的崇高理想、人格完善与德性培养给予必要的引导，让大学生能够在现实的道德价值冲突的情境中，自觉、主动地做出合理的价值分析与判断，进行正确的道德选择，并能自觉践行高校德育规范，真正成为有德性的人，逐步推进高校德育理想目标与现实目标的最终达成。

（三）从德育目标世俗化向对人文精神的关照转化

在高校德育研究中，有的人在否定高校德育崇高性的同时，转向了对高校德育世俗化的热衷。往往将规范式的德育异化为高校德育的目标，或者让高校德育去对实用主义、物质利益盲目尊崇，使得大学生成了追名逐利的工具与机器。这造成了人与人、人与自然、人与社会、人与他人之间关系的异化，彼此之间交往除了金钱、利益，再无其他。因此，高校德育在目标上，迫切需要加强对大学生人文精神上的关照，也迫切需要加强对大学生的心理疏导，唤醒他们心中沉睡已久的对崇高理想与真善美的渴望，从而使人与外界的关系更加和谐、美好。如若离开了对大学生人文精神的关照与心理疏导，大学生就会变得诚惶诚恐，精神上毫无依归。我们很难想象一个精神的流浪者与心灵的空虚者，会有一个健全的心理；很难想象一个没有精神支柱与终极关怀的民族、国家，会有光明而远大的前途。

（四）从德育目标片面化向人的综合素质全面发展转化

以往的高校德育往往注重对大学生片面地知识传授与单向灌输，忽视大学生综合素质的全面提高与发展。德育教育者与大学生之间彼此"关心"的焦点只有分数，这种德育培养出的往往是接受知识的"美德袋"与盛装德育知识的容器，造成了大学生的片面发展。如今，随着市场经济的快速发展与科学技术的突飞猛进，有的高校在德育目标上又转向了对市场经济与科学技术的盲目追随。在培养大学生时只注重即时性与短暂性的效果，或者人文教育与科学教育缺乏一种必要的融通。在大学生的培养上，缺乏一种全面、长远、可持续的战略眼光，从而使高校德育失去了崇高性与科学性。而片面发展的人是掌握不了人类文化的整体价值的，偏执一端往往给大学生带来残缺的人生体验与无尽的人生遗憾。因此，高校德育在确立目标时，既要注意大学生的健全个性培养，更要关照大学生的自由全面发展。要对大学生进行必要的市场经济理论、民主法治、科技常识、技术培训、就业指导、心理健康等的教育，实现人文教育与科学教育的有机结合，使大学生的综合素质得到实质上的提高。要让大学生更有自信地坚强面对与战胜各种困难与挑战，以更大的自信去进行实践探索与创新，从而更好地实现与外部环境的良性互动与和谐发展，实现自身内在的自我转化与主体人格的完善。

三、坚持大学生个人价值与社会价值的统一

（一）凸显大学生的个人价值

人们的社会历史始终只是他们的个体发展的历史，而不管他们是否意识到这一点，首

先应当避免重新把"社会"当作抽象的东西同个人对立起来。人是社会的存在物，因此，高校德育要以人为本，首先就要凸显大学生的个人价值，满足大学生的个人需要。著名科学家爱因斯坦也认为，学校应当发展年轻人中那些有利于公共福利的品质和才能。但这并不意味着个性应当消灭，而个人只变成一只蜜蜂或蚂蚁那样仅仅是社会的一种工具。因为一个由没有个人独创性和个人志愿非规格统一的个人组成的社会，将是一个没有发展可能的不幸的社会。相反，学校的目标应当是培养有独立行动和独立思考的个人。大学生个性的发展，个人利益的满足，是国家、社会创新发展的一个重要条件。确立"以人为本"的高校德育理念，就要在价值追求上，既着眼于社会整体利益的满足，更重视学生个体利益的实现，既满足学生的现实需要，更立足于学生未来发展、需要的满足。当代中国教育价值取向上强调教育的社会工具价值，经常以牺牲大学生正当利益与正当价值为代价，去片面迎合社会利益的需求，无视大学生个性的发展与个人利益的需要，具有一种明显的"目中无人"与"实用工具化"的倾向。这严重挫伤了高校德育的可信度，遭遇了大学生内心世界的拒绝，造成高校德育的收效甚微。因此，确立"以人为本"的高校德育理念，就要在价值追求上，贴近学生生活，贴近学生实际，贴近学生思想，不断满足大学生在学习、生活、心理、就业等现实的利益与需求。只有达到社会价值与大学生人性的相通融，正视大学生的个人利益，最大限度地满足大学生最直接、最现实、最关心的现实利益需求，最大限度地实现大学生的个人价值与幸福美好的愿望，才能确保"以人为本"高校德育的可接受性，使高校德育更具可信度与亲和力，从而为大学生谋求到一个更好的生存发展，并能自觉、主动去为社会、集体利益做出更大的贡献。

（二）达成个人利益与社会责任的有机统一

"以人为本"不仅肯定人的发展完善的最终目的性，而且肯定社会的发展是人发展的条件与基础。它培养的学生在国内外更受欢迎，并获得杰出的成就，那么，这所高校距一流的目标就更近了。因此，高等教育包括高校德育要取得积极进展，离不开对大学生个人的培养，更离不开对社会、对国家的责任。而当下的很多年轻人，却在自身权利不断得到满足的同时，遗忘了对社会的义务。这给高校德育的开展带来了一定的困难。其实，个人为社会做贡献，可以促进社会的整体进步，从而最终达到个人利益的满足。因为国家与社会的整体利益，正是个人现实或长远利益的反映，并且，个人只有融入国家与社会之中，才能有更好的生存与发展，才能真正有所作为，达到自我利益与价值的最终实现。

第三章 高校德育工作方法的创新实践

第一节　高校德育工作概述

高校德育方法应在原有基础上有所创新，应能在当前的社会中发挥更好的作用。创新不仅是人类发展和进步的客观要求，也是人类生命存在的内在需要。一个人的生命存在不是一种简单的重复，而是一种追求（向往），即对一种更好的、新的生命存在性的追求。生命存在本身所要求的不是持续不断地保持某种原有的状态，而是要求一种创新、一种改变，这种创新作为生命的一种自我存在意识付诸现实活动，就是对现状的改造。所以说，人的生命存在活动的基本特征，就是在保持生命存在状态的条件下对生命新的存在形式进行不断创造，超越生命。

一、高校德育工作和高校德育工作方法

高校德育工作是指围绕大学生的思想政治素质和道德品质的提高而进行的一系列工作，主要包括"两课"——马克思主义理论课、思想政治教育课，教师从事的教学工作和学生思想政治工作专职干部从事的教育管理工作。在这里需要明确的是，不同历史时期，由于不同的社会发展形势和不同的教育理念，高校对学生进行的思想道德素质教育的侧重点有所不同。中华人民共和国成立到改革开放这段时间，由于社会政治意识较浓，高校对学生"德"的要求主要偏重思想政治素质；随着社会主义市场经济制度的建立，人们普遍认识到"诚信"等公德意识的重要性，全社会开始重视"以德治国"，这段时间对学生"德"的要求又稍倾向于道德素质教育。于是，不同时期对高校学生的思想道德教育提出不同的称谓，主要有"高校德育工作"和"大学生思想政治工作"两种提法，但其基本要求并无实质性差别，本书将两种提法合而为一，统称为"高校德育工作"。

我国高校通常采用说服、树立榜样、指导修养、品德评价等方法进行德育教育工作，这些教育方法多少带有强制意味。这种强制性的"灌输"容易引起学生的反感，使之产生抵触心理。而且这种德育过程往往缺乏师生的讨论交流，缺乏学生的尝试和反思，在很大

程度上禁锢了学生的思维，限制了学生的自主性和创造性，致使思想道德教育不受学生欢迎，流于形式，实效低下。以往的德育工作途径以课堂上对德育理论的讲授为主，给学生"灌输"理论，给学生"讲"什么应该做、什么不应该做，而与学生的交流少；其他从事学生思想政治工作的专职人员对学生的思想道德教育也多停留在说教上，停留在学生出问题后的帮助、教育上，很少结合学生的思想实际、现实需要开展工作，缺少与学生心理的沟通和实践性环节，不善于利用现代教育手段，工作途径比较狭窄。

高校德育的基本职能是对学生进行道德教育，引导大学生培养和树立马克思主义的世界观、人生观和价值观，鼓励他们争做社会主义"四有"新人。从当前高校德育工作的总体实践来看，其主流是好的，在培养社会主义合格的建设者和可靠的接班人方面发挥了不可替代的作用。

德育工作中的具体问题还有：集中灌输多，启发引导少；消极应付多，解决问题少；理论讲得多，自身实践少；政治教化多，自身实践少；居高临下多，平等相待、感情交流少。许多高校采取"高压式"教育形式，致使学生产生逆反心理，拒绝接受德育。

针对大学生思维活跃、思维状况复杂的情况，可以改经验型的德育工作方法为科学型的德育工作方法，将心理学、伦理学、社会学、美学乃至系统论、控制论、信息论、现代管理科学等学科知识引入德育工作领域，努力提高德育工作的知识含量。

二、高校德育理论基础和基本原则——实用主义道德教育理论

道德教育应当是在活动中培养道德品质，从做中学，主张在活动中养成道德品质，而道德表现在人的某个行为特性中。唯有在活动中，人们才能够既掌握道德知识，又养成道德品质。

（一）在参与社会生活的活动中形成道德判断力

一切能发展有效地参与社会生活的能力的教育，都是道德的教育。因为只要学校与社会脱离，学校里的知识就不能运用于生活，因此，也不利于品德的形成。

传统教育的失败在于忽视了学校作为社会生活的一种形式的基本事实，只是把学校作为教师传授知识、学生学习某些僵死的课业和培养某些固定习惯的场所。实际上，这些东西并不能成为学生生活经验的一部分，因而并未真正具有教育的作用，却同时成为道德训练成功的障碍。正如社会提供了道德发展的"实验室"一样，学校同样应该作为学生道德发展的"实验室"，为其提供指导，如同成人在他所在的更广泛的社会生活中一样。在学校中，学生应有同样正当的行为动机，有同样的道德行为的判断标准。学校应反映校外成人的标准，把学生当成一个人，他必须像一个整体的统一的人那样过他的生活。正是从这

一思想出发，要反对学校为使学生习惯于某种行为模式采取惩罚等手段。道德教育不能造成对惩罚的恐惧，也不能企图通过直接的奖励使学生遵循道德原则。允许学生犯错误并鼓励他们在发展中不断修正自己的判断，这才是最恰当的教育方法。

让学生参与社会生活的方式之一是把学校本身变成一种典型的社会生活。学校在这方面的道德责任就是要设计适合学生需要的各种活动，使学生在集体生活中受到刺激和控制。最好的和最深刻的道德训练，恰恰是人们在工作和思想的统一中跟别人发生适当关系而得来的。

（二）课程和教材的道德教育作用

道德的目的是各科教学共同的和首要的目的，所以知道如何把道德价值的社会标准加诸学校所使用的教材，就是十分重要的。

通过各科教学进行道德教育，有两方面的含义：

一方面，教材必须联系社会生活。应当把学校学科作为理解社会活动情况的手段，把熟悉过去作为鉴别现在生活的有效力量，或变为应付未来的有效的工具。因此，学校的各门学科只有按照了解社会生活方式去教的时候，才具有积极的伦理上的意义。

另一方面，教学必须以心理变化为依据。对学生来说，教材"永远不是从外面灌进去的，学习是主动的，它包含着心理的积极开展，它包括从心理内部开始的有机的同化作用。没有任何一门学科本身自然而然地具有固定的教育价值"。因此，如果不顾及学习者的发展阶段，就无法实现教育目的。把一套固定的行为规则或"坚硬"的道德习惯强加给学生，或者把已组织好的知识一股脑地灌输给学生，都是忽视个人的特殊能力和要求，忘记了一切知识都是一个人在特定时间和特定地点获得的。因此，有效的方法是使教材"心理学化"，从而便于学生吸收并转化为自己的行动指南。

（三）以解决问题促进道德成长

理想的道德训练方式乃是"民主"的方法，即"科学的方法"，也就是运用智慧进行"探究"的方法。人在适应环境的过程中，会遇到包括道德在内的各种疑难问题。人与环境的作用，就在于努力寻找解决问题的途径与方法。所有这些都不是通过强制的灌输，而是借助创造性的智慧对道德问题进行的积极的探究。在道德训练的过程中，教师通过提供现实生活中的"道德两难"问题供学生思考和讨论。教师的任务是激发学生的反省思维、好奇心和寻求新见解的态度，目的是让学生学会"如何决定做什么"。这种方法虽可培养学生"民主""合作"的态度，提高学生的判断力，但这种方法必须使用得当。教师设计的问题不能难得超出学生能力所及的范围，应使新问题的困难程度大到足以激发思想，小到加上新奇因素自然带来的疑难，足以使学生得到一些富于启发性的立足点，从此产生有助于解决问题的建议。一般学校道德理论的口头说教是不提倡的，这种口头说教的道德知识脱离活动，道德观念不在活动中养成犹如不下水学习游泳。实际上，唯有在活动中学生才能既掌握道德知识又养成道德品质。

三、关于加强和改进高校德育工作的重要意义

高等学校的根本任务是培养德智体美劳全面发展的社会主义事业的建设者和接班人。现在和今后一二十年高等学校培养出来的学生，他们的思想道德和科学文化素质如何，直接关系到 21 世纪中国的面貌，关系到我国社会主义现代化建设事业能否实现，关系到能否坚持党的基本路线一百年不动摇。为此，我们必须重视德育工作，把坚持坚定、正确的政治方向放在学校工作的首位。

（一）德育工作有助于应对国际、国内环境变化带来的挑战

当前，世界多极化和经济全球化的趋势在曲折中发展，科技进步日新月异，综合国力竞争日趋激烈，各种思想文化相互碰撞。改革开放以来，随着我国社会主义市场经济体制的确立和完善，我国社会的经济成分、组织形式、就业方式、利益关系和分配方式日益多样化，人们思想活动的独立性、选择性、多变性、差异性明显增强，人们的收入差距在拉大，政治、文化、权利意识在提高，思想观念呈现多样性趋势。随着我国教育事业的发展，高等教育进入大众化阶段，学生交费上学、自主择业，新一代大学生所处的社会背景、家庭环境都发生了很大变化。

这一切都给高等学校的德育工作带来了严峻的挑战。在深刻变化的国际、国内形势面前，我们只有以马克思列宁主义、毛泽东思想、邓小平理论、"三个代表"重要思想、科学发展观、习近平新时代中国特色社会主义思想为指导，坚定不移地把德育工作放在学校工作的首位，培育有理想、有道德、有文化、有纪律的合格的大学生，才能真正贯彻党的教育方针，巩固党的执政地位，确保国家的长治久安。

（二）德育工作事关国家稳定和社会主义现代化建设大局

德育工作事关培养什么样的人才，如果不加强德育工作，坚持马克思主义在意识形态的主导地位，引导大学生坚定共产主义信念，树立建设中国特色社会主义的共同理想和正确的世界观、人生观、价值观，就可能出现全社会思潮混乱，影响国家稳定和社会主义现代化建设大局的严重后果。

（三）德育工作是学生成人、成才的重要保证

没有坚定、正确的政治方向，人就会偏离方向，甚至走上与社会对立、危害自己和国家的道路；没有健康的心理，人就会意志消沉、情绪低落、思想混乱，甚至走向自残、轻生的绝路；没有良好的道德修养，人就不能正确指导自己的行为，不能处理好各种复杂的人际关系，不能与社会建立和谐关系，就会将自己与集体孤立，得不到他人的尊重与关爱。总之，德育工作是学生成人、成才的重要保证，如果失去德育工作对人生成长过程中的有益辅导，学生就不能健康成长，就不能做对社会有益的事，就不能实现人生价值。

四、新时期高校德育工作的新要求

新时期大学生的新特点对高校德育工作提出了新的要求。《关于进一步加强和改进大学生思想政治教育的意见》明确指出了新时期大学生思想政治教育的核心、重点、基础和目标，并提出了"一个坚持"（坚持以人为本）、"三个贴近"（贴近实际、贴近生活、贴近学生）、"四个提高"（提高针对性、实效性和吸引力、感染力），明确了改进大学生思想政治教育的努力方向；提出了把树立正确的世界观、人生观、价值观教育，弘扬培育民族精神教育、公民道德教育和素质教育作为加强和改进大学生思想政治教育的主要任务。

第二节　高校德育工作内容与方法面临的挑战

一、新形势下高校德育工作环境的变化

21世纪，世界进入知识经济时代，社会的生产方式、生活方式、管理方式、思维方式等都已发生巨大的变化。改革开放多年，风雨兼程，我们高举实践的旗帜。人类历史的经验证明，人性的基本面是不可改造的，尽管人的道德水准和文明程度可以获得提升。伴随由计划经济向社会主义市场经济体制的转轨带来的经济的持续高速发展，以及由社会全面改革开放带来的西方的科学技术、价值观念的源源不断地输入，我国人民的思想发生了深刻的变化。一方面，人们领略到了这场伟大变革所带来的社会生产力的彻底解放和物质财富的迅速增长。另一方面，人们也为社会生活尤其是道德生活出现的一些"反常"现象所困惑，是偶然还是必然？是发展市场经济所必需的"代价"还是社会机制运行本身所固有？抑或两者兼而有之？多年的渐进性改革开放得益于一个"放"字。我们把容易做的事情做了，却把难做的事情留到了现在。调整地方与中央的关系、国家与社会的关系，以及

资本和劳动的关系，以更成熟的自由市场经济和更民主的社会主义建设我们的社会，是未来中国的基本任务。

就学校德育而言，这些都意味着德育环境的变迁。而作为社会的一个子系统，一方面，学校德育必须完成社会所交付的道德教化的任务，并在此过程中获得自身发展的基础和条件；另一方面，学校德育也不可能摆脱社会对其自身的制约。

（一）社会形势转型的三种特点

一是世纪转换。人类已经跨入 21 世纪。在新的世纪里，我国要实现中华民族的伟大复兴，要加快推进现代化新的发展，成为富强民主文明和谐美丽的社会主义现代化强国。当代大学生是完成这一历史任务的主力军，高校的德育工作就是培养德、智、体等全面发展的社会主义建设者和接班人，为经济发展和社会进步提供精神动力和智力支持。

二是社会转型。我国正处在从发展中国家向现代化国家转型、从农业国向工业国转型、从粗放型经济向集约型经济转型的转折期。要实现社会转型和经济发展的宏伟目标，最重要的是培养人才，培养掌握现代高技术的人才。高校德育工作的任务之一就是让学生了解和认识我国 21 世纪发展的宏伟蓝图，鼓励他们奋发向上、努力成才。

三是体制转型。我国正处在从计划经济向市场经济转轨的后期，这对社会的经济结构、文化结构、教育结构以及人们的思维方式、生活方式等都将产生巨大的冲击。高校的德育工作要帮助学生树立与市场经济相适应的现代观念和意识，改变学生中存在的各种非理性观念，使学生正确认识市场经济带来的消极因素和负面影响，使大学生成为改造社会、促进社会发展的主人和动力。

（二）德育环境变化的两个方面

一是社会环境发生变化。世界多极化和经济全球化的趋势继续在曲折中发展，科技进步日新月异，综合国力竞争日趋激烈。我国处在一个大改革、大调整、大发展、大变化的重要历史时期，思想文化领域面临着种种复杂情况。随着社会经济成分、组织形式、就业方式、利益关系和分配方式的日益多样化，人们思想活动的独立性、选择性、多变性和差异性也日益增强，社会思想空前活跃，各种思想观念相互交织，各种文化相互激荡，各种思潮不断涌现，各种矛盾错综复杂，社会意识出现多样化的趋势。这种变化趋势从总体上来讲是积极的，为青年学生的全面发展创造了更加广阔的空间，与社会进步相适应的新思想、新观念正在丰富着青年学生的精神世界。但在这个过程中，面对国际背景、经济基础、体制环境、社会条件、传播手段的深刻变化，面对青年学生求新、求乐、求知、求助的各种需要，高校德育在思想观念、内容方法、管理运行等诸多方面还不适应。高校德育要直接面对社会开放和价值多元的现实，认真研究新情况、新问题，正视道德冲突，解决道德困惑，帮助学生分辨是非，学会判断和选择。

二是德育对象发生变化。当代青年学生出生在改革开放年代，成长于社会转型时期，他们的心理状况、接受能力、欣赏水平发生了很大变化，接收信息、学习知识、休闲娱乐的方式、方法、手段发生了很大变化，独立性、选择性、多变性和差异性明显增强。青年学生思想、价值、观念、行为呈现许多新特点。

在思想现实上，学生关心的热点在减少，没有集中热点；政治意识、理想激情逐渐被理智、客观、冷静、现实的思考所取代。观察问题、处理问题时往往表现出五个"更多"：更多地采用生产力的标准，而不是意识形态的标准；更多地采用具体利益的标准，而不是抽象的政治标准；更多地采用市场经济的标准，而不是传统的道德标准；更多地采用批判的标准，而不是建设的标准；更多地采用"与国际接轨"的标准，而不是"中国特色"的标准。

在思想价值上，由于生活经历的单纯和价值环境的复杂，他们中不少人存在认知与行为的背离。他们主流积极，亮点突出，但缺乏艰苦生活的磨炼，心理承受能力较差。他们初步具备了一些现代性的思想品质，但科学精神、人文素养、公德意识、心理素质还有所欠缺。有些学生自我意识强烈，集体观念、团队精神、大局意识、社会整体意识缺乏，价值主体自我化、价值取向功利化、价值目标短期化的趋势日益突出。有些学生面对复杂的社会、激烈的竞争和将来的择业，心理脆弱，信心不足，适应能力差。

在思想行为上，青年学生主体性、选择性、观点多样性的特点突出。他们更加关注社会生活，更加讲求实效，更加注重主体的自我感受，更善于独立思考，更希望在平等的交流中追求真理，更愿意在对社会现实的思考中选择真知。

在政治观念上，他们积极、健康、向上、认同感强；在社会热点上，思考多、关注多、忧患多；在成才意识上，求新、求知、求整体素质提高；在价值取向上，注重自我，注重功利，价值取向多元。把握青年学生思想变化的特点，关键在于全面、正确评价当代大学生，要坚持辩证思维，深入分析特点，研究正确对策。

二、新形势下高校德育工作内容与方法面临的挑战

新时期，国际、国内形势的新发展给在校大学生带来了思想观念、价值取向、文化生活的多样性，经济全球化、网络文化及我国高等教育大众化的趋势等因素都对高校德育工作提出了新的挑战。

市场经济中人的自我和人的物化倾向加剧，使社会生活在一定程度上呈现出片面追求个人物质利益的倾向，人的物欲膨胀使德育工作所宣传的理论和观念不容易被教育对象所

接受。具体来说，现阶段高校德育工作主要面临以下挑战：

（一）高校德育工作面临经济全球化的挑战

经济全球化是指跨国商品与服务贸易及国际资本流动规模和形式的增加，以及技术的广泛使用，使世界各国经济的相互依赖性增强。我国社会转型不断加快，改革不断推进，经济成分和经济利益多样化、社会生活方式多样化、社会组织形式多样化、就业岗位和就业形式多样化的趋势日益明显。全球化是一把"双刃剑"，当代大学生往往只看到世界经济繁荣和发展的一面，而没有看到其中蕴含的深层次的问题和潜伏的危机，只看到经济全球化给世界经济产生的积极作用，而忽视了它的负面影响。因此，高等学校要加强对学生全面素质的培养，培养学生树立国际化、全球化观念，克服狭隘的民族主义和本土观念，提高他们认识和分析问题的能力，帮助他们掌握一定的国际政治、经济、文化等方面的知识，培养他们国际交往的能力。我们的任务是使我们的大学生既有强烈的自尊心、自信心，又有世界眼光、国际意识；能使他们既懂得保持本民族的价值规范体系，又能融入世界优秀文化；在全球化的背景下，能够使他们在竞争中合作，在合作中竞争、发展。

（二）高校德育工作面临着社会多元化带来的挑战

随着经济体制和政治体制改革的不断深入和发展，我国社会正面临着重大变革，社会呈现多样化的趋势，社会环境的复杂性和多样性大大增强，经济体制和社会结构的变革、多元化利益格局的产生和变化，导致了学生道德观和价值取向的多元化。高校德育的对象呈现出新的特点：独立意识、自我意识增强，思想行为趋于个性化，学习动机多样化，价值取向务实化等。学生的活动、行为习惯具有明显的个性特征和复杂的层次性。

当代大学生思想发展的特点和阶段性，决定了高校德育必须具有时代性和针对性，要根据时代发展需要和学生的思想实际精心设置德育的内容体系，人道主义、科学精神、环境意识、全球意识、和平与发展意识、合作意识等全社会、全人类共同的一般行为规范教育，应成为德育的重要内容；要用市场经济强化现代观念，培养学生开拓进取、独立自主、爱岗敬业的理性精神，培养学生关心、同情、友善、宽容等美德。要结合当代大学生多层次、多样性的特征，加强大学生的心理咨询和心理承受能力的培养；要坚持中华民族优秀文化和优秀传统教育，注意道德教育与人文精神交融。

（三）高校德育工作面临国民经济快速发展的挑战

国民经济的快速发展加大了大学生生活方式的复杂程度，对大学生思想教育工作提出了严峻的挑战。大学生的生活方式与其他职业群体以及同龄青年的生活方式最明显的差异，就在于具有独特的"校园"特征。

一方面，大学生是个相对独立的群体。他们长期学习、生活在校园，接触的多是同龄人。无论是外地学生还是本地学生，在观念和习惯上都保持着一定的独立性，并形成了带有校园特色的群体生活方式。

另一方面，大学生是社会中文化层次较高的群体。一是他们每天接触中外书籍，生活在各种文化信息丰富的环境，因此，他们更易受到各种文化思潮的冲击。二是大学生极其重视精神生活，喜欢探索社会、思索人生，喜欢对各种事件评头论足，做出新的价值判断。在市场经济发展的过程中，求美、求乐成为年轻人的追求，一些人不仅注重物质享受，而且非常讲究精神生活，文化消费随之产生。改革过程中的观念交锋和开放过程中西方思潮的渗入，与他们尚未成形的世界观、政治观、人生观、道德观产生了极大的冲突。这些给高校德育工作带来的所有的负面影响，使德育工作尤其是高校德育工作面临着新的形势和新的课题。

（四）高校德育工作面临高科技迅猛发展带来的挑战

当前，科学技术的进步日新月异。科技知识空前快速地生产、传播和转化，极大地改变了人们的物质生产、精神生产和日常生活，推动经济、政治、文化发生越来越深刻的变化。特别是20世纪90年代后期以来，计算机、互联网在中国开始以极快的速度普及，互联网信息传播成为经济全球化最形象的代表。高等院校的学生和教师成为最集中的计算机互联网信息传播的先锋。计算机互联网信息传播在信息传播史上引起了一次革命，它把人类社会带入了数字化时代，为人类提供了一个冲破传统地域的新的活动空间，人们在网络空间里逐渐形成新的社会方式、社会规范和思想意识，大学生的信息渠道从单一型走向立体型，从线性刺激拓展到全方位刺激。它改变了以往报刊、广播、电视信息单向传播的局限，第一次把信息传播变成即时互动的交流，为人们的交流开辟了更广阔的空间，同时，也更新着人们的观念。在突然到来的互联网信息面前，高校德育面临着新的机遇和挑战。如何使大学生有效抵制不健康信息的诱惑，怎样帮助他们控制自己的道德行为，理性地选择自己的道德模式，成为高校德育工作亟须解决的问题。

（五）高校德育工作面临高等教育大众化带来的挑战

我国高等教育正在由"精英教育"向"大众教育"转变。首先，这种转变必然会带来高校人才培养质量标准的多样化，因此，传统"精英教育"的高校德育培养模式已难以适应目前新形势的发展要求。其次，这种转变也必然会导致高校校园文化向多层次、多格局，满足不同层次学生需要的方向发展，这也给高校的德育工作带来了许多新的疑难问题。最后，高校招生规模的不断扩大、学分制等弹性学制的逐步实施以及高校后勤社会化的不断深入，都会在不同程度上使高校的德育工作面临新的冲击和挑战。

（六）高校德育工作面临高等教育改革带来的挑战

高等教育改革带来的挑战的具体表现：随着高校招生制度的改革、招生规模的不断扩大，学生的成分和结构更加趋向多样化和复杂化，学生的生活方式、思维习惯和价值观念日趋个性化；高校后勤社会化改革，削弱了学校对学生宿舍、食堂的管理，也容易使学生养成铺张浪费和超前消费的不良消费观，使部分学生忘记艰苦奋斗、勤俭节约的优良传统和精神。

第三节 高校德育工作方法的创新

面对目前高校德育存在的问题，面对新形势下的挑战，面对我国知识经济发展对思想政治教育的迫切需要，面对高校教育中德育工作的生命线地位，高校德育工作必须实现理论上的突破和实践上的创新。

一、德育意识的全员化和德育格局的全方位

全体教职工都负有德育工作的责任，要做到"三育人"，即教书育人、管理育人和服务育人。全体教师应该更新教育理念，彻底改变只有德育教师才负有学生道德教育的责任这种错误思想，高度重视和充分发挥每一位教师的育人作用。教师要树立正确的教育思想，做到言传身教，为人师表，以自己的行动感染学生，使他们受到道德的熏陶。要发挥各科教学的德育功能，结合教学相关内容和各个环节，在适当的时机对学生实施道德教育。例如，在物理教学中，可以通过介绍我国古代的科学技术成就让学生充分认识到中华民族的灿烂文化，树立民族自豪感；介绍我国现代科学技术新成就，弘扬中华民族的创造精神；结合物理知识的教学对学生进行辩证唯物主义教育，使学生认识到世界的物质性、运动性等。不仅在物理教学中，每个学科的教学都蕴藏着丰富的道德教育资源，这就需要教师充分挖掘，将道德教育融入学科教学，以期达到对学生的道德教育的潜移默化的影响。

学校各项服务工作都应有德育功能，只是有的德育教育的因素比较明显，而有的比较隐蔽。学校各项管理工作都应尽力与德育工作相互配合，注意道德教育因素，紧密结合实践，着眼于对学生的教育，从严要求，注意方法的使用，使学生从中受到感染、激励和教育。

二、德育目标的层次化

德育目标是德育活动所要达到的目的和要求。我国还处在社会主义初级阶段，多种所有制形式、经营形式、分配形式并存，社会道德方面既有属于高层次的、代表未来方向的共产主义道德，也有调整个人与社会、集体、他人关系的社会主义道德，呈现出以社会主义道德为主体的多种道德并存的局面。与之相适应，高校德育必须打破传统的"大一统"的目标模式，大学生的道德水准呈现多层次、多规格的特点，高校德育工作应根据大学生不同年级、不同身心发展水平，针对学生人生观、价值观、道德观及思维方式上出现的新特点，根据社会发展阶段的新要求，从培养时代新人着眼，从抓基础项目入手，分阶段、分层次制定德育目标。

首先，在思想政治教育上，对处于不同层次的大学生应相应地确立爱国主义者—社会主义者—共产主义者三个目标层次。热爱祖国是对大学生最起码的要求；坚持社会主义方向，立志做社会主义事业的建设者和接班人，理应成为对绝大多数学生的基本要求；在此基础上，培养和塑造一批具有共产主义理想和觉悟的先进分子。按不同目标层次对大学生进行近代史和国情教育，党的路线方针政策教育，形势任务教育，民主和法治教育，马克思主义道德观、人生观和世界观教育。

其次，在日常品德教育上，使学生形成良好的劳动态度、生活作风、集体观念、社会公德、职业道德、社会责任感、历史责任感等是德育的多层次目标。作为普通公民，大学生必须遵守社会公德，这是对每个大学生最起码的要求；作为高等教育的接受者、未来各行各业的高级专门人才，大学生应该具有较高的职业道德和敬业精神；作为未来的社会主义建设者和接班人，大学生理应具备较高的文化修养和道德水准，成为社会主义精神文明建设的骨干和中坚力量。

最后，在心理素质上，对大学生既要强调一般心理健康的要求，也要注意培养他们在市场经济条件下应具备的心理素质。

德育目标的层次性启示我们，要坚持从实际出发，区分不同层次，明确不同目标，有针对性地实施德育，不能将只有先进分子才能达到的目标要求所有人员普遍达到；在德育过程中，坚持德育目标社会主义初级阶段的现实性与体现共产主义理想的方向性的特点，要求应各有所重。

三、利用网络把德育工作透明化，道德档案能查有所证

国家教育部门可以考虑借助网络方便、快捷的优势，对每个学生建立道德档案。每个年满16周岁的公民都在网络中建立档案记录，此记录主要包括姓名、年龄、所受教育情

况，以及最重要的一面——道德行为、道德素质。人的道德素质记录，也就是做人记录。在我国确实有必要建立这种负责机构，在核实事件真伪的基础上，将公民的道德行为记录在案。这种方式便于用人单位和相关人士进行查证，在用人、选人时道德档案可以作为一个很重要的参考。当然，这只能起到一种参考作用、激励作用，促进个人提高自己的道德素质，改变不当的行为习惯，按照社会的道德规则约束自己的行为，逐渐从他律走向自律，这才是建立道德档案记录的目的所在。

四、德育方法多样化、层次性

德育方法是为完成德育任务所采取的手段。由于德育过程是一个多因素相互影响、多层次的发展过程，大学生思想品德的形成受到社会、家庭、学校以及学生个人身心发展状况诸方面的影响，德育必须通过影响思想品德形成的各种条件的综合作用才能奏效，这就决定了德育方法的多样性和层次性。德育方法从不同的视角可以分为不同的层次。例如，从德育主体和客体的角度，可以分为主体外部灌输和客体自我修养两个层次；从德育内容权重的角度，可以分为理论教育、实践教育；从德育的类型，可以分为氛围型、渗透型、情感型、审美型；从德育方法的特点和作用，可以分为说服教育法、情感陶冶法、实际锻炼法、榜样示范法、修养指导法等。具体的分析可以从以下七方面入手：

（一）要正确处理理论与实践的关系

实践的观点是认识论的首要观点，实践既是认识的起点，又是认识的归结点，更是检验认识正确与否的唯一标准，所以道德教育如果有意无意地忽视实践性，那么道德教育必将走向异化和虚无。一个人品德的形成不是思想与知识的直接结合，只有在实践中才能加深认识和感情，坚定意志和行动。所谓要在道德教育中把理论与实践相结合的原则，就是要在教育中实现教育内容的可检验性、教育形式的可感受性。道德教育与实践相结合，才能激发学生的兴趣和主动性。道德实践具有形象、生动、丰富的特点，实践中有真实的人性展示，有心理情绪变化，有多层次价值展示，能使学生产生好奇心、探究心，并引发学生投入感情与体验，从而激发"兴趣"，引导学生进行道德理性思考。道德教育理论与实践相结合，才能使学生实现道德品质真、善、美的有机统一。在道德教育中必须坚持"知、信、行"的统一，否则道德教育只会走向空洞和虚无，而道德理论与实践相结合是贯通"知、信、行"的桥梁。所以，在道德教育中，理论与实践相结合的意义是相当重大的。

大学生正处于世界观、人生观、道德观形成的重要阶段，他们认识、改造世界的科学方法以及辨识是非的标准不会自然形成，只能通过理论教育和实践体验来获得。因此，德育工作既要重视系统的理论教育，又要重视社会实践活动教育。当代大学生身心发展有一个重要特点，就是思维能力和自我意识显著增强，他们不轻信、不盲从，比较注重事实，也要求对身边的事物给以理论上的回答。德育教育者必须研究现实，结合实际，根据大学生的特点，把加强和改进"两课"的教学与培养道德行为结合起来。当前，德育工作在强调学生道德知识掌握的同时，更应强调其道德行为的践行，大胆拓展大学生接触社会的机会和领域，使认识、体验、践行结合。

（二）要创造利于德育工作开展的环境

道德教育不同于纯粹的知识传授，道德教育源于生活又必须回归生活。学生只有在一定的社会环境和社会关系中，其思想道德素质才有可能形成和发展。正如柯尔伯格所说，个体道德品质的形成过程是在受教育者自身与社会环境相互作用中，道德经验不断结构化的过程。环境对人的影响是潜移默化的，但作用是巨大的，所以只有优化环境，才能取得比较理想的教育效果。

第一，必须优化内部道德教育环境。内部道德教育环境指学校内部物质的和精神的、有形的和无形的诸种因素相互制约、相互作用所形成的教育环境，包括硬环境和软环境。学校必须健全教育网络，将教书育人、管理育人、服务育人落到实处，形成扶正祛邪、扬善惩恶的校园风气；将日常思想教育工作作为贯穿高校德育的红线，充分发挥党、团、学生会团结和引导大学生进步的重要作用，使学生多渠道、多角度、多形式地接受教育。

第二，要优化道德教育外部环境。道德教育要取得实效，只重视校园内道德教育环境是远远不够的，学校和教师不能关起门来搞道德教育，而必须和社会因素相互配合，使道德教育内部和外部产生共同的正向作用，只有这样道德教育才能达到理性的效果。

（三）开展社会实践

组织大学生参加社会实践，是实现德育培养目标的基本要求。社会实践是大学生的一种认识世界、改造世界的社会生活，是理论联系实际、为社会服务的有效形式，是学校联系社会的纽带，是引导学生走与人民群众相结合、与实践相结合的健康成长道路的有效途径。大学生从学校到学校，缺少社会感受性，接受教化和熏陶的机会少，容易造成和社会脱节的危险，在学校中学到的道德教育知识很难应用到社会的交往中，因此，参与实践活动是大学生接受社会化教育的较好途径。

德育工作者要积极探索和建立社会实践与专业学习相结合、与服务社会相结合、与择业就业相结合、与创新创业相结合的管理机制，认真组织大学生参加各种形式的实践活动，使大学生在社会实践中受教育、长才干、做贡献，增强社会责任感。

（四）要把他律教育与学生自我教育相结合

人的行动的一切动力都要通过他的头脑，一定要转变为他的愿望动机，才能使他行动起来。事物的转化，外因是条件，内因是根据，外因只有通过内因才能发生作用，正确的道德思想的形成需要科学理论的指导，而理论不可能在人的头脑中自发产生，需要从外部灌输进去。但是，道德思想要真正转化为学生的道德行为，必须经过主体的认同，达到自律的程度，才能内化为个体的品行特征。

教育者向学生灌输的社会意识、道德规范和提出的教育要求，只有在教育者的影响下，经过学生主动地进行一系列思想交流，才能转化为学生的思想品德。因此，在德育过程中，教育者必须改变以往的单纯的自上而下的灌输方式，适当运用自我教育（自我强化、锻炼意志、自我调适、自我激励、自我反馈），让学生主动拟订教育计划，积极采取强化措施，自觉进行思想道德转化和行为控制，这对学生个人思想品德发展有巨大作用。自我教育是提高德育工作质量，促进学生优良思想品德形成和人格完善的关键。

（五）要加强德育队伍建设

高校要按照政治坚定、素质过硬、专兼结合、功能互补的要求，建立一支能适应高等教育改革新形势、具有战斗力的队伍，这是实现德育培养目标的重要保证。此外，高校在招聘学术性人才时也要注意道德品质要过关，而不要只看高学历这一点。

教育者自身的形象和素质，对受教育者能否接受其教育有着直接的影响。大学生是一个特殊的群体，他们已经具备相当的文化知识和分析判断能力，会用自己的价值取向对待学校各类工作人员的言行，并根据自己的标准决定取舍。德育工作者应在师德方面做学生的表率，要以自身高度的觉悟和高度的职业道德感染学生、关心学生，对工作一丝不苟，好学不倦，虚心求教，努力提高自身的素质。

高校应认真选拔德才兼备、素质较好的人员充实德育队伍，把德育队伍建设纳入学校师资队伍、干部队伍建设的总体规划。按照"政治坚定、品德优良、业务精湛、专兼结合"的要求，建立一支兼职为主、专兼结合的德育队伍，充分发挥辅导员在德育工作中的主导作用，发挥党、团、学生会在德育中的自我教育、自我管理作用，将学校各种力量有机地结合起来，统一目标、统一组织、统一计划、统一措施，发挥德育队伍的整体功能。

加强德育队伍建设，一是要注重提高德育工作者自身素质。一方面，通过各种激励措施使德育工作者具有较高的政治觉悟和思想政治素质，使他们掌握现代科学技术和文化知识。德育工作者要做到既通晓德育理论知识，又深谙心理学、教育学、社会学、伦理学等有关知识，形成较为全面的知识结构。另一方面，要努力营造人人追求高尚人格的氛围，促使德育工作者用自身的人格力量去感染人、教育人。二是要为德育工作者提供更多的学习深造和实践的机会，努力培养一批德育工作的专家。三是要采取必要的政策和措施，提高德育工作者的地位和待遇。

（六）要使德育活动社会化

现在各种通信技术与媒介已成为人们获取信息的重要渠道，高校德育影响源无限增大，这无疑加大了高校德育工作的难度。高校德育须不断向家庭、社会延伸，高校德育已不再可能闭门造车，我们必须打破原有的狭隘教育模式，寻求一种有利于学校、家庭、社会教育三者相互衔接、相互补充的一体化模式。

家庭是影响大学生思想行为的重要因素。学校必须积极寻求家庭的配合，通过各种途径与形式，与家长建立经常性的联系，普及家庭教育知识，引导家长参与学校道德教育，使他们能够更好地、更有效地致力于培养子女良好的行为习惯和基本的道德修养，优化家庭教育环境。

任何人都是生活在一定的社会环境中的，大学生总是在社会环境中接受教育的。无论是社会的政治、经济形势，还是社会传媒的宣传以及社会风气，都对大学生接受德育的效果产生极其重要的影响。在发挥学校主体作用的同时，德育工作者还应努力挖掘和利用社会德育资源，拓宽德育领域，通过建立健全社会实践活动基地、校外教育网点，加强对文化市场和娱乐场所的管理，动员、组织、协调社会各方面的力量支持学校做好德育工作。

德育方法的多样性和层次性提醒我们：不同时期，不同环境，不同的教育对象，要有针对性地采取不同的德育方法；德育过程中要注意各种方法的有机结合，优势互补；既要发挥德育主体的优势，又要尊重德育客体的要求，在德育主体与客体之间寻求最佳结合点，以达到最佳德育效果。

总之，学校德育在学生成长过程中具有不可替代的作用，该作用的发挥有制约条件，尤其受社会大环境的影响与制约。高校德育只有构建起德育活动社会化模式，合作育人，建立起学校、家庭、社会相互协作的综合化社会教育网络，形成全方位的德育格局，才能取得最佳的德育效果。

（七）进行民族文化教育和理想信念教育

深入开展爱国教育、集体教育和社会主义教育，加强诚信教育。有着五千年灿烂文明的中华民族，在漫长的历史长河中铸造了高尚的民族灵魂，有着丰富的优秀文化和优良传统，涌现出一大批具有高尚人格的历史人物。高校应充分利用这些优秀的文化传统和历史遗产，教育和引导当代大学生，增强他们的自尊心、自信心和自强心，使他们具有远大的理想和抱负，具有崇高的精神境界，具有艰苦创业、开拓进取精神。在新的形势下必须结合大学生的特点、结合有关专业知识和文化科技知识来开展思想道德教育，寓教于学，寓教于乐，寓教于管理。德育工作者要根据新情况、新问题，有针对性地采用多样化、多渠道、多载体的方法进行德育教育。

第四节　高校德育方法创新的基本路径

一、高校德育方法创新的具体内容

（一）坚持生活化教育方法

要坚持"以人为本"，贴近实际、贴近生活、贴近学生，努力提高思想政治教育的针对性、实效性和吸引力、感染力，培养德智体美劳全面发展的社会主义合格建设者和可靠接班人。高校德育方法越贴近生活，越能体现教育中的"以人为本"，越能发挥人的主体性，引发人的内在创造力，体验生活的美、教育的真正内涵，形成文化、社会、个性协调发展的生活环境。

大学生的成长过程是一个漫长而且复杂的过程，德育发展与时代的发展紧密联系在一起，在大学生的日常生活中渗透着德育，德育贯穿整个大学生活。生活化的德育注重生活实践，因此，德育应从生活中来到生活中去。当代高校的德育方法需要改变传统的单一灌输和说服教育的方法，应善于突出学生的主体性，组织学生自我教育、自我管理，使高校德育工作真正做到贴近学生、贴近生活实际，作为一项重要的内容，引导学生正确地认识自己，不断改善自己的道德认识与行为习惯，在活动实施上突出保护自我心灵，发掘自我经验，关注自我行动，促进自我发展。高校德育是与时代特点紧密相连的，我们的德育工作者更应从大学生的生活实践中对大学生进行教育，关心大学生的生活，让大学生得到身心的全面教育，在德育课堂上利用"道德两难问题"启发学生，让学生思考和检验自己的道德立场，反思自己的行为，让广大青年学生真正地从日常生活实践中得到教育。

因此，高校德育方法的生活化，是时代发展的需要，是社会进步的需要，是促进高校德育发展的需要。高校德育方法只有贴近现实、贴近生活、贴近社会，才会为社会发展培养更多合格的高素质人才。新时期高校德育应该更加注重生活化的教育，在生活实践中潜移默化地教育广大青年学生，为社会培养更多德才兼备的高素质人才。

（二）坚持隐性教育方法

我国高校德育工作一直以显性教育为主。随着社会环境的复杂多变，仅仅依靠书本知识的教育是不够的，还必须注意在显性教育的影响之外运用一些潜移默化的教育，这样才能提高德育工作的实效。隐性德育课程是指广泛地存在于课内外、校内外教育活动中，间接的、内隐的，通过社会角色无意识的、非特定心理反应发挥作用的德育影响因素。

高校德育工作必须以大学生德育品质的形成和发展为基础。大学生会受到外界环境各种因素的影响，同时，也会受到一些环境因素的隐性影响，如社会政治环境、经济环境、文化环境等。这些因素对大学生德育的影响一般是非计划性、无目的的影响，虽然不能取得立竿见影的效果，却在无形中会对大学生产生一种潜移默化的影响。高校环境建设包括物质环境建设和精神环境建设。物质环境包括学校的建筑、学校的配套服务设施等。这是学生基本的物质需要，是高校必备的物质基础设施。精神环境的建设包括教育者传授知识、校园文化的建设、校园网络管理等。随着网络的普及和发展，其传播信息的方便性、灵活性、娱乐性和速度快的特点，使广大高校学生更容易接受网络这个传播信息的新兴载体，这需要高校运用正确的教育思想占据学校的主流文化阵地，构筑健康的校园文化，更好地教育广大青年学生，提高他们辨别是非的能力。

高校德育工作者在传授理论知识的同时，要根据时代的发展变化开展具有时代特色、现实感和历史感的理论课程，强化学生的历史观念和爱国情感，用事实和网络开展生动、鲜明的社会实践和理论讲座，从不同的学科教育中渗入德育观念，培养大学生积极乐观地探索知识，对待学习、工作和生活的态度。这是高校德育工作者肩负的重要责任。

因此，高校应该开展一些互动性和娱乐性比较强的文化活动，使大学生在耳濡目染中受到德育熏陶和影响。另外，利用大众传媒网络载体，对大学生进行宣传教育，发挥德育的隐性影响，使大学生在德育品质情感培养和行为方式等各个方面受到潜移默化的教育，从而完成德育任务，实现德育目的。

（三）坚持自我教育方法

自我教育法是受教育者按照思想政治教育的目标和要求，主动提高自身思想认识和道德水平以及自觉改正自己错误思想和行为的方法，简单地说，就是人们自己教育自己，自己做自己思想政治工作的方法。

大学生健康成长不仅需要外在的教育，还需要大学生对自己的约束和管理；他们不仅要接受课堂教育，还要进行自我教育，即自我认识、自我监督、自我调整等。而自我教育恰恰就是为了提高自我约束、自我控制和自我管理的能力。

高校德育工作者的首要任务就是培养大学生自我教育的能力，为大学生的自我发展创造条件，增强德育的实效性，达到德育工作的目的，完成德育工作的任务。德育工作者在大学生的学习和生活中，应该采取自我批评、自我表扬和自我激励相结合的方法，充分发挥学生学习和参与实践活动的积极性与主动性，加强大学生的自我管理和自我服务能力。在实践中，德育工作者还要善于运用榜样的力量和先进事迹的影响作用，使学生既有奋斗目标又有赶超的态度，从而提高学生的自我教育能力。

自我教育并不是德育工作者不负责任、放任学生的自由教育，而是根据大学生之间有相互影响的特点进行的独立教育。自我教育是一种特别强调主体意识的教育方式，需要大学生之间相互鼓励、相互影响、相互批评，需要大学生独立地发现问题、自我解决问题，为自我教育创造条件，从而提高自我教育的能力。

（四）坚持心理咨询教育方法

各高校要积极创造条件建立大学生心理健康教育工作体系，面向全体大学生开展经常性的心理辅导或咨询工作。此外，还要通过个别咨询、团体咨询、电话咨询、网络咨询、书信咨询、班级辅导、心理行为训练等多种形式，为大学生提供及时、有效、高质量的心理健康指导与服务。因此，高校必须建立比较完备的心理健康教育系统，组成专门的心理健康机构，针对大学生表现出来的心理问题，及时发现，及时解决，提高大学生的心理素质和抵抗挫折的能力，保证高校德育工作的顺利进行。

心理咨询主要是在意识层面进行的一种教育性、指导性比较明显的活动，它不仅是保护人们身心健康所必需的，而且是塑造健全人格、开发人们潜能的有力手段。随着社会的发展，心理咨询已经越来越受到人们的重视。要重视心理健康教育，根据大学生的身心发展特点和教育规律，注重培养大学生良好的心理品质和自尊、自爱、自律、自强的优良品格，增强大学生克服困难经受考验、承受挫折的能力。

要发挥好心理咨询的作用，必须在设立心理咨询中心、开通心理咨询热线等传统形式基础上，把心理咨询工作做实、做细。要组建心理健康教育三级网络，即心理咨询中心、心理辅导员队伍和大学生心理健康协会。此外，还要建立心理咨询网站，开展网上心理咨询服务。当前的大学生受到各种因素的影响，在发展个性化的同时出现了一些心理问题，如心理承受能力差、自理能力不强、抗压和抗挫折能力差等。大学生所表现出来的各种心理问题，已经影响了校园和谐的生活和学习氛围。高校更要注意加强大学生的心理健康教育，把心理咨询教育融入所传授的知识，经常性地开展心理健康讲座，运用生动有趣的传播方式组织大学生进行心理健康教育，增强大学生抵抗挫折的能力，加强教育者与教育对象之间的相互信任和相互理解，从根本上增强高校德育工作的实效性。

德育工作者作为与高校学生直接接触的教育者，在日常的学习和工作中，应积极加强心理教育知识方面的学习，恰当地运用新的观点和新的方法帮助大学生解决问题，加深对心理咨询这一新兴德育载体的认识，在学习和生活中，与大学生交换意见，了解大学生的心理动态，循循善诱地解决大学生心理问题。

（五）坚持综合性教育方法

所谓综合性教育方法，就是以唯物辩证法关于全面的观点、联系的观点和发展的观点为指导，运用系统论的方法，把各个方面或各种方法的思想政治教育有机联系起来，使之成为具有最佳教育作用的教育整体。可以说，综合性的教育方法是德育教育整体合力的过程。

加强和改进学生德育工作，首先要提高促进大学生全面发展的能力，解决好"培养什么人、如何培养人"这个事关国家长治久安、事关中华民族前途命运的根本问题。高校如果要从根本上增强德育的实效性，就要改变传统的、单一的教育方法，改变脱离时代的发展的德育方法，贴近社会，贴近大学生的生活实际，把多种德育方法联系起来，共同开展德育工作。

应对不同的、单个的德育方法进行选择、综合和重构，对受教育者的生活环境、工作环境、性格、特征等各方面进行透彻了解，根据需要创造出一种与受教育者相适应的综合教育方法和模式。在这一德育工作过程中，高校德育工作者应该综合考察各个单独的德育方法，使相互联系、相互影响的德育方法充分融合，然后对不同的教育对象进行彻底分析，针对他们不同的需要，有针对性地运用综合式的德育方法。在高校中实施综合式的德育方法，需要适应大学生不同的实际状况，综合分析大学生各自不同的特点，进行高效率的、符合实际的德育教育。针对大学生出现的思想问题进行德育教育，从而纠正大学生的错误，有层次性和有针对性地运用综合式的教育方法，这是德育工作者德育工作取得成效的关键。

总之，高校德育工作方法创新的内容涉及很多方面，需要全方位、多侧面地多方共同努力，不断地开发新的德育资源，改变传统的高校德育工作方法，使高校德育工作方法在实践中得到发展与创新。我国高校德育在新时期的发展趋势是，有针对性地抓好德育工作，增强高校德育的实效性，从而使高校德育工作方法更具科学性与时代性。

二、高校德育方法创新的着力点

新时期高校德育方法创新，是通过利用社会教育、学校教育、家庭教育"三位一体"的德育资源来实现的。高校在强调德育重要性的同时，应该开发多种德育资源，使德育方法不断得到创新，从根本上解决我国高校德育存在的问题，从而促进我国高校德育的发展，实现德育的目的，完善德育的内容，完成德育的任务，增强高校德育方法的实效性。

（一）确立实践式的高校德育方法

众所周知，实践的观点是辩证唯物论认识论之第一和基本的观点。人们思想观念的形成、发展都离不开实践。随着高校德育的发展，对于高校来说，仅仅依靠书本上的理论知识开展教育已经不能满足社会发展的需要。理论与实践相结合的德育方法在这样的社会条件下发展起来。

实践式的教育方法，就是组织、引导人们积极参加多种实践活动，不断提高人们的思想觉悟和认识能力的方法，即在改造客观世界的过程中同时改造自己的主观世界的方法。实践式的教育方法也可以叫实践锻炼法。实践对于高校来说，作用更为突出，高校是为社会培养高素质人才的主要场所，实践式的教育方法关系着高校德育能否成功。由于当前大学生的大部分活动时间和空间主要集中在课堂、学校，实践锻炼法的运用还需要教育者精心的策划，这需要教育者付出大量的时间和精力，有的教育者因此而消极对待，造成此类方法的运用多流于形式，因此，实践锻炼法受到了很大的限制。高校在传授理论知识的同时，应该经常组织大学生进行社会实践，深入了解社会，了解生活的真正内涵。"没有调查就没有发言权"就是要求高校在重视理论知识的同时，重视实践的重要作用。

为此，高校应该充分利用多种德育资源，使德育资源成为大学生接受德育的外界条件。只有这样才能充分调动学生的积极性，使学生以高昂的热情积极地投入实践锻炼，从而提高学生参与社会实践的能力与适应社会的能力。成功的高校德育不但要求大学生有丰富的专业知识，还要求大学生具备社会实践的能力。是否理论联系实践，是衡量高校德育的重要标准之一。

德育效果的好坏必须用实践去检验。实践式的高校德育方法是与整个社会的发展紧密联系、与时俱进的德育方法，是高校德育工作者在长期的德育工作中积累的宝贵经验。这种实践式的高校德育方法有利于提高大学生适应社会的能力以及人与人之间交往的能力，能够引导大学生积极地参与竞争，通过实践培养人与人之间的团结合作精神。

（二）确立渗透式的高校德育方法

高校德育的一个主要特点就是需要重视德育潜移默化的影响，大学生的大部分时间都是在接受无意识教育。我国高校德育存在的一个弊端就是传统德育方法的广泛应用，传统德育方法主要强调的是正式课程的显性影响，一定程度上忽视了隐性课程的渗透教育，使德育的实效性得不到加强。而在新时期，我们在强调创新传统德育方法的同时，应重视加强德育的渗透影响，开展各种形式的非正式课程，形成潜移默化、渗透式的德育影响。

隐性教育课程是与显性教育课程有着显著区别的概念。隐性教育课程具有以下四个特点：首先，从影响结果来看，隐性教育课程是学业成绩之外的非学术的影响，更多地体现在对学生价值、情感和意志等方面的影响上。其次，从影响环境上来说，它是一种潜存于班级、学校和社会中的隐含性、自然性的影响。再次，从影响的计划性角度来看，隐性教育课程是非计划、无意识和不明确的影响。最后，从影响的效果上来看，因为隐性教育课程是一种潜移默化的影响，所以它的影响不是立竿见影的，却具有"积累性""迟效性""稳定性或持久性"。高校德育中渗透式的德育方法，更加强调高校德育潜移默化的影响作用，要求高校在德育过程中根据时代的发展变化转变德育的传统思想观念，开展各种各样的活动，在实践活动中渗透德育教育，从而在无形之中使大学生受到教育，形成以学生为中心、情境为中心、活动为中心的新局面。高校德育应该把显性教育与隐性教育有机结合起来，增强高校德育的良性发展和良性循环，从而使高校德育取得预期效果。

因此，高校德育中渗透式教育方法已经成为新时期高校德育发展的趋势，是从根本上促进高校德育方法创新的一个主要依据，对高校德育方法的创新具有深远意义。

（三）确立高科技引导式的高校德育方法

引导法就是启发诱导，教育者指导受教育者主动、积极、自觉地提高思想认识的方法。这种方法十分强调发挥受教育者的主动性，激发受教育者思考的积极性，增强受教育者接受教育的自觉性。

高校德育的发展，最主要的是要适应时代的发展与变化，利用科技的发展成果促进高校德育方法的创新。目前，高校德育方法的单一、手段的陈旧，以及接收信息的狭隘性，使高校德育方法无法得到创新，延缓了高校德育方法创新的步伐。特别是随着我国科技的发展，获得信息变得更加方便与快捷，这促使高校必须改变传统的德育方法和手段，只有这样才能增强德育的实际效果。而西方国家利用高科技的信息传播途径宣传本国的价值观念，引导学生对本国价值观念的认同，这种做法值得我国学习。

高校在对大学生进行教育的同时，重视对学生的日常行为管理，制定了一些规章制度对大学生进行管理与约束，这在一定程度上有利于形成良好的学习氛围和校园文化氛围，这种做法在科技发展日新月异的今天显得尤为必要。随着科技信息时代的到来，学生获得信息不单单依靠教师的传授，更多的信息可以通过网络获得。教师的主体地位发生动摇，而学生的自主意识和自主行为意识日渐增强，面对这样的情况，高校德育工作者一定要紧跟时代步伐，利用网络来充实自己的知识储备，利用生动有趣的多媒体教学课件把学生的注意力集中到课堂上，从而达到对大学生进行教育的目的，此外，还要注意引导大学生的思想行为向积极、乐观、向上的方向发展。对于高校德育的发展而言，引导式的德育方法是我国高校德育发展的大趋势，也是我国高校德育工作者工作中的重中之重。

（四）确立预防式的高校德育方法

预防教育，就是针对人们可能或将要发生的思想问题与行为偏向，事先进行教育，防止思想问题与行为偏向发生，或者将思想问题与行为偏向制止、消灭在萌芽状态。而所谓的预防教育法，就是预测人们可能或将要发生的思想问题，事先进行思想政治教育，防止和避免思想问题产生的方法。预防式的高校德育方法是在高校之中实施起来比较困难的一种德育方法。由于大学生的多样性、层次性与复杂性的特点，预防式的教育方法在实施的过程中有一定的困难，德育工作者必须深入学生，了解学生的不良思想动态和思想问题，采取措施，使还没有表现出来的问题得到解决。这是一种超前教育形式。

首先，预防教育能增强德育教育的先导性。高校德育有利于帮助大学生确立正确的世界观、人生观和价值观，坚定大学生共产主义的信仰，防止大学生错误思想的产生，对大学生具有一定的先导作用。因此，高校德育工作者在平时的德育工作中要善于观察，及时发现问题，把握大学生的思想动态，预防可能发生的问题，只有做到预防，才能使问题消灭在萌芽状态，德育工作才能发挥积极作用。

其次，预防教育能提高高校德育的主动性。大学生受到社会各种因素的影响，需要德育工作者采取预防教育，及时纠正即将出现的问题，端正方向。为了避免消极影响的发生，德育工作者在教学之中需要以正面教育为主，使学生接受正确的思想，从而避免各种问题的产生。

最后，预防教育能强化思想政治教育的有效性。高校在德育过程中，通过对大学生进行预防教育，采取显性教育与隐性教育、明示教育与暗示教育相结合的方法，能从精神上帮助大学生树立坚定的政治信仰，防止和抵制错误思想和错误行为的发生，帮助大学生端正学习和生活的态度，抵制一些消极、不良的情绪，提高大学生道德水平和辨别是非的能力。

高校德育方法中的预防教育拉近了教师与学生的距离，只有深入了解大学生的思想变化和大学生的日常生活，才能有效防止错误思想和行为，从根本上对大学生进行德育教育，促进高校德育方法的创新与发展，开创高校德育方法创新的崭新局面。

综上所述，高校德育方法创新的着力点，主要应强调高校确立实践式、渗透式、高科技引导式以及预防式的德育方法，这样不仅可以拓宽研究高校德育方法创新的视野，还可以改变高校德育方法创新的现状，从而达到高校德育方法创新的目的与效果。

◎第四章 高校德育与学生创新能力培养的教育实践

第一节　高校德育教育的创新

随着世界各国、各地区与各民族之间联系的加强以及信息时代的到来，国家和城市之间的地域限制已逐渐被打破，各国、各民族与各地域间通过各种途径相互影响乃至发生碰撞和冲突。面对时代的挑战，进行有效的德育创新已是大学进行素质教育、促进公民道德建设、提高全民修养的重中之重。高校德育的创新，要从理念和内容入手。

一、德育理念的创新

（一）树立"以人为本"的德育新理念

这包含两方面的含义：一是教师要充分认识到自身工作的重要性，增强使命感和责任感，在教育教学过程中使自己的道德素养不断提升；二是教师要全方位关心、爱护学生，充分尊重学生，促进学生人格的完善及道德终极价值关怀的实现。传统的德育目标是纠正学生思想和行为上的偏差，起到教育和规范的作用，而"以人为本"的德育新理念，强调学生要具有自身的尊严和人格，重视情感因素。

要贯彻这一理念，教师与学生角色的准确定位非常关键。首先，在德育过程中，教师既是教育者又是受教育者，教师不仅要善于激发每个学生的主体能动性，使学生从被动的受教育者成为主动的学习者和自我教育者，而且要把这种"以人为本"思想体现在对学生日常生活和学习的关心、帮助、尊重和激励上，教师要成为学生的良师益友，准确把握学生的思想脉搏，积极引导学生道德的发展方向。其次，教师要充分发挥学生自身的主体意识，让学生在德育教学活动中成为主角。这不但会满足学生自我实现的心理需要，而且会增强学生的价值感和成就感。这样，原先那些社会要求就会转化为学生的自我要求，那些外在的道德原则和社会规范就会内化为他们自身的道德信念和行为准则，从而使他们成为德性高尚的人。

（二）促进学生道德知识、道德能力和道德素质的全面发展

道德知识是道德能力发展和道德素质提高的基础和前提。学习、掌握科学文化知识只是大学生服务社会的一种手段，学会做人则是他们的立身之本。因此，我们要教育学生掌握一定的道德知识，使其明确相应的道德规范。

道德能力是对道德知识的吸收、消化和发展。高校德育不是简单地传授道德知识、机械地灌输现成的结论，也不是一味地政治性说教，更不是用旧有的、传统的条条框框去约束人、禁锢人和束缚人，而是通过让学生了解和掌握一定的道德知识，培养学生的道德能力，使学生能够：在面对道德是非时，学会判断；在面对道德困惑时，学会取舍；在面对道德冲突时，学会选择；在与他人交往的过程中，严格要求自己，正确对待他人；发展自己的道德辨析力、判断力、选择力和创造力，形成健康、丰富、和谐与发展的精神世界。

道德素质是对道德知识和道德能力的深化和升华。所谓道德素质，是指人们在一定的先天基础上经过学习和实践形成的道德知识、道德心理、道德观念和道德能力的总和。通过道德知识的学习和道德能力的发展，那些外在的要求和规范就会逐渐内化为学生自身的一种信念、信仰和追求：理解人与自然的可持续发展，关心人类、关心自然、关心其他物种、关心地球，具有全球意识、生态意识和未来意识；理解人与社会相互依存又相互矛盾的关系，了解古代文明、现代文明和未来文明以及和平的意义，养成民主、合作的精神和态度；理解人与自身超越的互动关系，了解人的需要和人的全面发展的意义和价值，最终实现个人的自由、全面的发展。

（三）实现德育的协调和可持续发展

第一，高校德育是一项复杂的系统工程，涉及家庭、学校和社会的各个方面。因此，要动员更加广泛的社会力量介入高校德育工作，形成学校、家庭、社会横向协调的德育网络系统，共筑良好的社会育人机制，形成全社会共同关心大学生健康成长的有利局面。

第二，就学校内部而言，德育贯穿于学校的教书育人、管理育人、服务育人的各个环节。因此，学校的每个工作人员都要树立"德育工作，人人有责"的意识，把自己的工作纳入德育内容体系，充分发挥德育的合力作用。

第三，思想政治理论课的教师要充分发挥道德教育的主渠道作用，优化教学方法，运用多媒体等现代化教学手段，将传统枯燥的思想品德课变得融思想性、理论性、趣味性为一体，使学生在愉悦的气氛中得到精神的净化。为此，要协调好"听、说、读、看、写"诸多环节（"听"即听教师的讲解、其他学生的发言和专家学者的报告；"说"即组织学

生演讲、辩论、讨论等；"读"即指导学生读名家名作及有一定影响的新人新作；"看"即组织学生观看影片，到企业、福利院、社区参观等；"写"即让学生根据自己的所见所闻写出心得），使学生在宽松与丰富的环境中发展个性，完善人格，健全人性。

第四，依托高校所处的地域优势，大力加强德育实践基地建设，同时，要让学生走向社会的大课堂，进行社会实践活动。采取"课堂—基地—社会"的小、中、大三个课堂有机结合的教学模式，实现学校德育与家庭、社会教育的协调发展，德育与其他学科教育的协调发展，学生外部教育与自身教育的协调发展，从而形成高校德育的良性循环，最终实现高校德育的可持续发展。

二、德育内容的创新

在德育工作中，既要破除旧思想、旧观念，又要改造和提升德育功能，建立起与时代发展相适应的新思想、新观念。那么，怎样调整、确定德育内容并使之有所创新呢？一方面，要把握教育规律，根据大学的实际情况创造性地确立德育内容；另一方面，要依据学生个性发展规律，尤其是大学生的特点，听取学生对学校德育工作的反映和要求，研究学生的精神文化需求和价值取向，掌握他们思想活动的新情况、新特点，根据反映出来的热点、难点问题，有针对性地确立德育内容。除了更新原有的德育内容外，德育工作者还应该根据时代的发展创新适合学生年龄特点的内容，主要包括：

（一）健康人格的教育

德育工作者要通过各种行之有效的活动，培养学生善于相互学习、相互支持、相互鼓励的人格；教育学生将做人做事相统一，树立其责任感和事业心，使其具有开拓精神和创新能力。

（二）创新品质的教育

创新品质包括好奇心、兴趣、爱心、自信意志力、研究能力等。创新品质的教育要与课堂教学密切结合，充分发挥课堂教学主渠道作用，要以学生的个性品质培养和学习方向为抓手，因材施教，创新品质教育。

（三）新方法的教育

德育工作者要教育学生主动学习，善于学习，并要为学生创新学习方法出谋划策，做他们学习上的参谋和助手。

（四）人文素质的教育

德育工作者要教育学生既看到中国传统文化的优点，又主动学习西方文化的精髓。德育工作者要善于在对比教育中、在高雅的人文教育中，帮助学生形成高品位的人文素养。

（五）心理健康的教育

将心理健康教育引入德育工作，并以心理健康教育为基础，推动学校德育工作主体化、人性化和个性化的发展，为德育工作提供智力保证和动力支持，是近年来学校德育工作的重要内容，也是创新教育的重要体现。可见，德育内容要随着时代的转变而改变，适应现代社会的发展，适应学生的生理和心理特点需要。此外，大学应根据自身发展的特点和需要确定德育的内容。

要探索创新教育的课堂机制，培养学生的创新意识和创新能力；要善于调动学生和教师的积极性；开创辅导员、学生和任课教师共同参与、共同探索的良好局面；在课堂上应该广泛应用现代化教学手段，通过对学习资源的开发和利用来优化教学过程。

此外，还要开展丰富多彩的课外创新活动。丰富多彩的课外活动是培养学生创新品质和创新思维的重要途径，德育工作者要吸纳学生共同制定班级创新的激励机制，发挥集体作用。对一些后进学生或问题学生来说，发挥集体的作用更是必要的。

总之，德育工作者应根据大学生的心理，突出、营造民主的学习氛围。从教育手段和教育环境入手，为学生提供积极参与课堂教学和社会实践的机会，引导学生独立思考，培养学生的创新意识、创造性思维及能力。德育课是学校进行德育工作的主渠道。在德育教学过程中，创新教育的基本目标是发展学生的创新精神、创新思维、创新人格。教师的职责不在于"教"，而在于引导学生"学"；不在于满足学生"学会"，而在于引导学生"学会"。放弃"填鸭式"教学法，运用启发式教学法，进而向参与式教学模式过渡，是培养创新型人才的客观要求。在掌握知识的原则下，结合对学生创新能力开发的目标要求，大力挖掘教材中容易引起学生兴趣、能够促使学生积极思索的内容，是增强创新教育实效的重要方法。根据教学内容不断创设新情境，使学生在利用已学知识解决新问题的过程中形成初步的创新能力。对学生进行一些思维形式的训练，鼓励学生去观察、质疑，培养学生的归纳、演绎、分析、综合能力，引导学生从一个问题出发，从不同角度、不同层次、不同侧面历史地、全面地看待问题，是培养学生创新能力的必然途径。

第二节　大学德育教育与创新能力的培养

如何增强大学德育的针对性、创造性和实效性，是目前教育界普遍关注的一个问题，如果大学德育教育不能与时俱进，不能在价值取向、观念、内容、方法等方面推陈出新，不能使大学生的个性、主体性充分、有效发挥，我们的德育工作就难以得到学生的重视与欢迎，就难以满足社会主义现代化建设的本质要求，也就不可能取得真正的预期效果。

一、德育的基本特点

德育是各级各类学校教育的一个重要内容，在学校教育的各项内容中，德育具有自己的特点。

（一）崇高性

社会主义德育教育紧紧围绕培养社会主义事业的建设者和接班人这一目标，着眼于提高人们的思想政治素质，树立正确的人生观价值观和道德观，努力培养青年学生"为中华之崛起"而发奋学习的崇高品质和远大理想。

（二）前瞻性

德育教育的内容是与时俱进的，它要求高校站在历史和时代的高度，总揽全局来确定人才的培养方向和根本任务。它看得远，依据国际国内形势的变化、发展规律，预测未来对人才的需求，以培养学生创新能力和实践能力为重点。德育教育的超前性，表明它是为培养 21 世纪社会主义现代化创新人才服务的，也反映出它对培养创新人才基本素质的战略思考。德育教育的前瞻性，要求它把握人文理论发展的前沿，去开拓新的认识领域，站在理论高度（高起点）使其内容充分反映出科技发展的最新水平。

（三）针对性

市场经济的双重效应，使人们价值主体个性化、价值取向重利化、价值目标短期化日益突出。德育教育要充分利用个体发挥个人潜能的积极作用，因势利导，培养大学生的进取意识、创新精神。

（四）时代性

大学德育教育有着鲜明的时代特征。20 世纪 80 年代初，为适应高校思想政治教育形势和当时社会实践的需要，高校德育教育走进大学课堂并受到学生欢迎，在对学生进行政治理论教育、思想道德教育，帮助学生树立远大理想、明确人生目标、健全人格、健康心理等方面都起到了不可替代的作用。21 世纪是知识经济的时代，知识经济要求人才不仅要有丰富的科学文化知识，而且要具有对科学真理不断探索追求的精神、坚忍不拔的意志和求真务实的态度。大学德育教育适应时代的要求，突出了这一时代特征。

二、创新人才必备的素质

所谓创新人才，是指具有独创能力，能够发现问题、解决问题，开创事业新局面的人才。创新人才必须具备以下基本素质：

（一）具有勇于开拓的创新精神

创新是一个民族进步的灵魂，是社会发展的不竭动力。当今时代，科学技术的发展突飞猛进，已成为推动社会发展的最活跃因素。目前，我们面临世界各国经济飞速发展的压力，倘若我们不奋起直追、不主动进取，不打破陈规，我们就会处于被动局面。任何一个民族，如果没有一种精神力量作为支撑，没有一种良好的精神状态，都是难以生存的。一个精神空虚的民族，是不可能真正振兴的。国内外形势正在发生深刻、复杂的变化，新情况、新问题层出不穷。思维方法和思维能力是创新的核心，创新人才要善于打破自己的思维惯性和工作惯性，有意识地提升创新思维能力，并运用它抢占先机，厚植优势，以创新举措破解发展难题，在开拓创新中体现担当。当今社会，谁赢得人才上的优势，谁就赢得了创新实力上的优势。领导干部要怀有强烈的人才意识，积极营造人才成长的环境，尽最大可能为各类人才发挥特长、施展才华搭建舞台。

（二）具有宽容合作的团队精神

人类社会自从进入工业社会以来，分工精细，一个产品的问世需要很多人的劳动。创新人才的成长与其作用的发挥，同样离不开集体与组织的支持。在激烈的社会变革中，必须摆正与他人、与社会的关系。知识经济同样呼唤人与人之间的真诚合作。在现代科学技术条件下，单枪匹马、孤军奋战的人很难有所作为。

（三）具有高尚的思想品质和良好的心理素质

创造性的事业总是和崇高的目标联系在一起，有了崇高的目标才可能有强烈的事业心、求知欲和创造欲，也才可能有坚忍不拔、百折不挠的坚毅精神。创新之路是崎岖不平的，创新是一个不断克服艰难险阻的过程，需要有健康的心态，才能做到在逆境中崛起。任何创新都不是一帆风顺的，总要经过多次失败才能成功。这是一个漫长的过程。锲而不舍、发奋成才的献身精神，坚忍不拔、勇往直前的勇气和毅力，是一个人具有创新能力的重要表现。

三、大学德育教育在开发学生创新能力方面发挥重要作用

创新人才的内涵既包括对人才知识能力方面的要求，也包含对人才思想道德方面的要求，而且思想道德建设对创新人才培养起着非常重要的作用。

（一）坚定的信念是创造的原动力

创新是做前人没有做过的工作，创新者必须对自己的选择和决定具有坚定的信心，在创造过程中创新者还会遇到很多不可预测的风险，这就更需要他们坚定信念。而道德建设的灵魂就是思想建设，即形成坚定的理想信念，树立为社会主义事业奋斗的崇高目标。

（二）强烈的创新欲望有赖于在长期德育中培养

培养积极进取、勇于开拓的精神，强烈的创新欲望，是发现问题、解决问题的前提。创新者的重要品质在于时刻关注技术的更新，进一步汲取新的思想，他们不是安于现状、墨守成规，而是积极投身到改造社会、改造自然的实践中去。他们是不甘落后、充满激情的进取者。高校德育教育在思想观念上培养学生敢于突破的能力，培养学生进取、开拓的精神。

（三）百折不挠的意志品质是创新者取得成功的重要因素

创新是克服阻力、战胜挫折的过程。没有坚强的意志品质，创新就会变成一句空谈。德育教育应把培养学生坚强的意志品格、大无畏的献身精神作为大学生成才的基本教育。学生要有不怕苦、不怕累的拼劲，要有连续作战、勇往直前的狠劲，要有在成绩面前不骄纵、困难面前不畏缩、百折不挠、坚忍不拔的韧劲。

四、创新德育教育方法，增强德育教育实效

创新德育教育方法，增强德育教育实效，培养大学生创新能力。高校担负着培养大批有创新能力的人才的历史重任，要实现这一任务，最重要的就是对人才德育教育进行改革和创新。只有改革创新，树立现代化的德育教育观念，构筑新的德育教育体系，赋予德育

教育新的途径和新的方法，才能增强德育教育工作的针对性和实效性。

（一）将德育教育由灌输式转变为启发式

大学德育教育中采用启发式教学，充分体现了教师主导作用和学生主体作用的结合，促使学生在道德领域发现问题、分析并解决问题，以启迪为主，辅之以引导，有利于培养学生思考问题的自觉性。

（二）实现德育教育与素质教育的有机结合

随着社会对人才要求的不断提高，我们必须将道德品质、心理素质的教育与大学生实践能力、创业精神的培养结合起来，寓德育于能力培养之中，在培养学生创新能力过程中进行道德教育，以利于人才的全面发展。

（三）强化德育教育中的心理引导作用

德育教育工作者应引导大学生在理智上不断升华理想、信念的境界，树立为振兴中华而努力学习的志向和抱负；在情感上升华对祖国和民族的自豪感、责任感，把能为祖国和集体做贡献当作人生的最高目标。这对培养大学生积极向上、开拓进取的精神，充分激发大学生的主人翁意识至关重要。

（四）尊重和发挥学生个性，鼓励竞争

人才是多种多样的，没有个性就没有创造性，没有创造性就不能称为人才。个性发展完全符合人才成长的必然规律。创新能力培养是时代所需。当今世界科学技术迅猛发展，知识经济初见端倪，人才竞争日趋激烈。谁在知识和科技创新上占优势，谁就在发展上占主导地位。教育是知识创新、传播和应用的主要基地，也是培养创新精神和创新人才的摇篮，因此，创新能力的培养是时代赋予每个教育工作者的历史使命。

第三节　高校德育工作对大学生创新能力的培养

一、高校德育工作要更新观念

高校是人才的摇篮，肩负着重要的历史使命，在国际竞争日益激烈的今天，高校应该肩负起培养创新性人才的重任。除了在高校教学工作中要将其作为教育改革的核心，更要

在高校的德育工作中将其作为教育和培养人才的重要指导思想。

高校德育工作的创新必须是在遵循人才成长的客观规律的基础上，遵循高等教育阶段教育教学的客观规律。在这一前提下，德育工作的首要任务是将高校德育教育的过程转化为激发和培养学生主体创造能力的过程。多年来，传统的德育工作往往只重视短期效果和表面现象，从而造成一种单向的、被动的教育形式，大学生主动参与的积极性不高。因此，在知识创新时期，高校德育工作首先要转变传统德育工作的观念，了解学生所需，抓住新时期对人才培养的需求，急学生之所急，尽可能地满足学生的合理需要，使提升自身素质变成大学生强烈的内在需求，让大学生自觉地意识到高校德育教育的重要性。

站在中华民族复兴的高度上看，当代大学生是跨世纪的一代新人，民族复兴的历史重任将落在他们的肩上。未来国际竞争将更主要地体现为创新人才的竞争，而当代大学生的综合素质，特别是创新素养，将直接关系到未来中华民族的兴衰。从知识经济带来的挑战来看，当代大学生只有紧紧跟上时代的步伐，学会用新的观念、新的思路、新的方法武装自己，增强自身创造性地解决问题的能力，才可能在未来的竞争中立于不败之地，担负起时代赋予的重任。

二、培养大学生创新能力的方法

（一）增强大学生的创新意识

高校要注重培养大学生的创新意识，从而提高大学生的创新能力。在高校德育教育的工作中，有些同学往往出于这样或那样的原因不满足于现状，但是他们所做的往往只是牢骚满腹、怨天尤人，却没有认识到创新意识、创新能力的培养与他们成才之间的关系，没有直面现实是阻碍大学生创新意识形成的一个重要因素。因此，高校德育工作有义务引导学生树立正确的人生方向，在这个基础上培养他们的创新意识、创新热情，提高他们的创新热情和创新能力。

（二）提高大学生的创新动手能力

要提高大学生的创新动手能力，从而提高大学生的创新能力。创新动手能力又指大学生的实际动手操作能力。德育工作者应当在逐步培养大学生创新意识的基础上，积极鼓励大学生将学习的理论与实践相结合。表面上来看，这或许与高校德育教育关系不大，但如果在高校中将其作为高校教育与教学衔接的重要环节，则意义重大。如果高校能够提供机会，使学生参与学校的日常管理工作、教师的科研课题中，甚至是学生自拟题目、学校选派教师指导的小型创新活动中，那么对于大学生而言，就能够极大地提高他们的学习兴趣和积极性，培养他们的责任心和创新意识，从而提高他们的创新能力。这样不仅能够增强大学生的学风建设，提高他们学习科学文化知识的积极性，而且能够为他们提供一个利于发展个人创新能力的平台，使他们在自我知识结构提升的同时提高责任心、增强责任感、加强集体意识，从而达到德育教育的效果。正所谓以德促学、学德相辅、开拓创新、迎接挑战。

（三）加强精神文明建设

加强精神文明建设，开拓创新性的德育教育。在高校的德育工作中，完善德育体系，拓宽教育渠道，成为新时期德育工作改革的重要内容，高校德育工作的重点又是围绕着加强精神文明建设这个中心的。在教育资源如此丰富的时代，精神文明建设的渠道无疑也是相当广泛的。尤其在多媒体技术、网络资源发达的今天，高校的德育工作不能再仅仅把眼光放在书本与课堂的教学上，而应该拓展教育场所。比如，利用网络化、基地化等形式的教育资源，将高校的德育工作与广泛的教育资源结合起来，开展丰富多彩的德育教育活动，全面提高大学生的思想道德素质，达到加强精神文明建设的目的。

德育教育活动能够拓宽学生的知识面，用先进的教学手段吸引大学生主动参与学校的教学工作，引导他们学会主动学习，养成发现问题、思考问题的习惯，提高他们创造性地解决问题的能力。

（四）加强校园文化建设

加强校园文化建设，促进高校德育工作的开展，以利于创新型人才的培养。高校德育工作的另一个工作重点，在于加强校园文化建设。校园文化建设始终要坚持弘扬主旋律，以提高大学生的思想道德素养为主要目的。校园文化建设应当坚持以科学的理论为指导，以爱国主义教育为核心，增强关于民族自信心和民族自豪感的教育。例如，通过征文、演讲比赛、社会调查、专题讲座、社会考察等多种学习方式，广泛开展爱国主义、集体主义和社会主义的思想教育。增强大学生的集体主义观念，倡导和培养大学生的集体合作意识和创新精神。

除此以外，高校德育工作还可以以学校精神和校园文化为内容，进行校园文化建设，从而增强学校的向心力和凝聚力。例如，围绕学校的中心工作，设立校园网络论坛等，使大学生在讨论中明确学校的精神内涵和优良传统。另外，新时期高校德育工作中的校园文化建设不再局限于以往的传统形式，而是在新的社会环境下更注重学生动手能力、实践能力、适应能力和创新能力的培养，其根本目的是使大学生更快地适应社会、服务社会。

三、对高校德育工作者提出的新要求

当然，高校德育教育工作与时俱进，同样对高校德育工作者提出了新要求。高校德育工作者一定要充分认识当下高校德育教育面临的各种问题，冷静分析，转变观念，努力拓宽视野，走出传统高校德育教育的模式，不断提高自身的素质，提高分析问题、处理问题的能力，做到与时俱进。

特别是在信息化程度发达的今天，大学生同社会的交往频繁，获取信息的渠道较为广泛，在大学生关注世界、关注社会发展的同时，高校德育工作者应该起到积极的引导作用，引导大学生趋利避害，让大学生在信息多元化的复杂环境下把握住自己的"航向"，利用高校优越的教育资源武装自己，在高校德育教育的环境下提升自己，在创新的环境下完善自己，担负起实现中华民族复兴的重任，做合格的建设者和接班人。

第四节　德育教学中培养学生创新能力的实践

一、德育课堂的创新设计

德育教育创新要求教师对自身角色做出相应的调整，以适应全球范围内兴起的、以发展人的创新精神和创新能力为目标的创新教育。这是新时代赋予教育工作者的庄严使命，也是摆在每位教育工作者面前的无法回避的严峻考验。培养一支具有创新意识、创新能力的师资队伍，是新形势下做好大学德育工作的前提和保证。从这个意义上来讲，当前大学德育工作者应确立与时代发展相适应的新教育观、人才观和质量观。要在德育工作中开展创新教育，教师就要从道德的传承者变为学生学习道德知识的引导者，教师的主导作用应体现在指导、组织、帮助、激励学生上，主要是导思路、导方法、导规律、导创新，引导学生形成良好的品德行为。

德育工作者要坚持以学生为本，坚持培养学生的实践能力和创新能力，坚持以学论教，而且，思想品德教育不能仅仅在教室内开展，而是要回归生活、回归社会。教学不应拘泥于预先设定的固定的模式，而是要强调预设的教案在实施过程中开放地接纳新的体验，鼓励师生互动。因此，新课程改革呼唤教师大胆地尝试和实施新的教学方法，注重每个教学环节的设计。

（一）案例设计要重视学生评议和体验

教师在寻找和设计案例时，必须注重以下三点：一是案例的真实性，案例中允许有必

要的虚拟，但这种虚拟并非不切实际，否则便失去了意义；二是案例要有普遍性和代表性，学生才能够根据现有知识和体验，围绕一定的内容和问题思考；三是案例要有新颖性，体现思想品德教学的时效性、时事性，也能激发学生从新的体验中获得情感态度甚至是价值观的提升。案例教学主要包括课前教师对案例的收集、编写和整理，教学过程中学生对案例的体验、评议，以及自主学习内化为精神、尝试践行外化为活动等内容。

（二）德育课堂的创新设计途径

德育课教师必须深入开展教学研究，不断创新教学设计，以增强德育课教学的针对性、实效性、感染力和吸引力。

1. 方法创新

正确的方式方法是落实德育课的实践教学任务，并使其取得实效的基本保证。德育课教师要从学生的实际出发，运用学生需要掌握的基本知识分析社会现象，使学生在学习和运用知识的过程中内化知识、获得体验、培养能力，形成良好的行为习惯。

在理论教学中，德育课教师可根据学生的认知规律和职业教育的特点，针对教学内容，综合运用启发式教学、讨论式教学、案例教学、情境教学、探究式教学、小组合作教学、仿真教学等方法。

在实践教学中，德育课教师可尝试以下形式：一是课堂实践教学，如案例分析、专题讨论、课堂辩论、模拟教学等；二是校园实践教学，如校园文化活动（专题讲座、校园辩论赛、演讲比赛、手抄报制作比赛、征文比赛、校园调查、观看电影或录像等）、社团实践活动（读书协会、青年志愿者协会等）；三是社会实践教学，如参观考察、社会调查、社会服务等。

德育课教学方法创新的关键在于方法选择恰当，切合教学目标要求和教学内容，符合学生实际，具有针对性、互动性和有效性，有利于培养学生的能力。

2. 过程创新

德育课教学设计的过程创新，要在教学组织、教学程序、教学评价、板书设计等方面下功夫。

教学组织要从课中向前延伸至课前，向后延伸至课后。课前指导学生开展自主学习，课中组织学生开展合作探究，课后引导学生开展实践体验。

教学程序要突破传统，淡化知识灌输，强调"学中做，做中学"。例如，"导入新课"可改为"创境激趣"，通过影视、动画、图片、歌曲等激发学生的学习热情；"新知传授"可改为"引思明理"或"合作探究"，充分体现师生互动、学生之间互动；"新知小结"

可改为"点拨升华",通过总结,实现学生思想的升华;"作业布置"可改为"体验导行",布置实践作业,将德育课堂延伸至课外。

教学评价要合理、有效。德育课教师要探索适合课程特点的多样化考核评价办法,将理论知识考核、实践考核与日常行为表现考核结合起来,力求全面、客观地反映学生的思想道德素质状况。德育课教学评价以过程性评价为主、以终结性评价为辅,可将实践活动、课堂表现、课后作业完成情况、考勤等纳入过程性评价范畴。

板书设计要合理、恰当、精确。可将板书分成主板书和副板书,主板书重在梳理各知识点的内在逻辑关系,副板书重在提醒学生注意相关概念。

3. 内容创新

德育课新教材进一步体现了"贴近实际、贴近生活、贴近学生"的原则,新教材无论是体系还是内容,都很适当。但教材毕竟是静态的、相对稳定的,而社会生活则是动态的、不断变化的,这就要求德育课教师在进行教学内容设计时必须根据实际需要,灵活地、有创造性地对教材进行"二次开发",有效整合多方资源,遵循学生思想发展的规律,及时传递最新理论成果,做到贴近学生、贴近职业、贴近社会。

德育课教学资源包括教学参考书、教学挂图(投影片)、音像资料、多媒体教学资料、案例选编等文本教学资源,以及道德楷模、法律专家、德育基地等社会德育资源。德育课教师要根据地域特点、学校情况、专业特点及学生实际,有效整合教学资源。

教学资源整合的关键:教学资源呈现的方法要多样;要能增进课程内容与生活及未来职业的联系,拓展学生的学习空间;要促进课程内容在课堂教学中的有效展开与动态生成,激活课堂教学,提升学生能力。

4. 作业创新

课后作业是课堂教学的延伸,是促进学生认知、能力、情感、行动全面协调发展的重要途径。一些德育课教师对课后作业不太重视,作业的布置仅仅停留在"认知—再现"层面,问题设计简单,有唯一的、确定的标准答案,缺乏一定的探究性和实践性,学生只要将书本的知识要点抄到作业本上就可以了,这样的作业从根本上忽视了社会现实、学生的实际生活和思想水平。

德育课作业设计要注重过程性和开放性,并在优化和提升学生的情感、态度与观念、行为与习惯、分析问题与解决问题的能力等方面下功夫,可尝试实践型作业、研究型作业、分层型作业、合作型作业等。

5. 技术创新

多媒体教学是一种现代化的教育手段,也是一种新的教学方法,越来越多地被引入课堂。多媒体教学作为信息时代的教学载体之一，对教学的实施有很大帮助。德育课课件设计的关键：课件界面设计简明，布局合理，色彩协调，美观大方；图片、动画准确生动，形象展示教学内容，有助于学生对知识的理解；教学辅助媒体演示时机合理、方法恰当，有助于教学的深化，提高教学效果。

二、在德育课教学中培养学生的创新能力

随着教育改革的不断深化，创新能力成为素质教育的着眼点，成为德育课程永恒不变的主题。创新教育是素质教育的灵魂，也是当今教育的主旋律。培养创新人才，培养学生的创新能力，是实施科教兴国和可持续发展战略的重要途径。创新精神、创新能力是人才素质的核心。因此，创新是素质教育的着眼点，开发人的创造力，培养人的创新意识、创新精神和创新能力，应该成为实施素质教育的重要内容。创新教育就是通过培养学生的可持续发展素质，提高学生发现问题、提出问题和解决问题的能力。创新教育是根据社会主义现代化建设对人才的素质要求，有目的地培养学生的创新意识、创新精神、创新能力的新型教育模式。高校教育肩负着培养新世纪职业人才的重任，推行创新教育责无旁贷。创新也是德育课程永恒不变的主题，德育课堂教学理应成为创新教育的平台，成为师生点燃灵感、激发创新、集聚智慧的舞台。在高校德育教学过程中，如何培养学生的创新能力，是摆在每一位德育工作者面前的崭新课题。

（一）鼓励学生质疑问难

鼓励学生质疑问难，使学生敢于提出问题，是培养学生创新能力的起点。实践证明，疑问是思维的"启发剂"。培养学生的创新能力，必须鼓励学生发现问题，大胆质疑。德育教师应树立师生平等、尊重学生个性的教育观，引导学生养成独立思考、大胆质疑的自信的心理品质，对学生提出的一些异议甚至是错误的观点，要采取尊重、宽容、引导的态度。激发好奇心和求知欲是培养创新意识、提高创新思维能力和掌握创新方法的推动力。而鼓励学生质疑问难，是培养学生善于发现问题、敢于提出问题能力的一个重要途径。从这个意义上来说，在课堂教学中鼓励学生质疑问难，应该成为培养学生创新能力的切入点。

1. 引导学生生疑，培养创新意识

创新意识是人们进行创新活动的出发点和内在动力，是创新思维和创新能力的前提。创新意识要从小培养，引导学生"生疑"，使学生从小就有一种探索精神，凡事问一个为什么，可不可以从另一个角度思考，用另一种方法解释。教师在课堂教学中要引导学生生

疑，直至逐步形成"生疑"的能力，在开始阶段教师应多加引导、启发，鼓励学生大胆提问，使学生不断发现问题并提出问题。这就需要教师在思考内容、思考方向及表达方式等方面经常性地给学生以耐心的指导。

2. 诱导释疑，培养学生的创新思维

学生在生疑的过程中，其已有的知识、经验与新教材之间的差距，会构成心理上的矛盾，这一矛盾以问题的形式存在于学生头脑，而教学时教师因势利导地诱发矛盾并解决矛盾，学生的认识就会深化，思维就能发展。由此可见，诱导释疑是培养学生创新思维的关键。创新思维是指有创见性的思维，其具有流畅性、变通性和独创性特征。

（1）从联系中找答案，培养思维的流畅性。

思维流畅是指在较短时间内能表达出较多的观念和设想，如果思维受阻，事物之间的联系就不顺，认识就不深刻。因而，在学生因对事物之间的联系认识不深而产生矛盾时，教师可诱导学生从联系中找答案，厘清学生思维。

（2）在想象中找答案，培养思维的独创性。

人的想象活动总是充满创造性。在课堂中，教师应抓住学生提出的能作为想象生长点的问题，运用想象，为创造新形象提供契机，诱导学生对表象进行改造，创造新形象，以培养学生思维的独创性。

3. 尊重个体，培养学生的创新情感。

创新过程并不是纯粹的智力活动过程，它还需要以创新情感为动力，如远大的理想、坚强的信念，以及强烈的创新激情等。在课堂教学中，教师尤其要注意培养并保护学生的创新激情。学生是一个个活生生的个体，各自有着不同的个性特征。教师应针对不同的个性，采用不同的方法，最大限度地去培养和保护学生的创新激情。有的学生在质疑时即使提出明知故问的问题，教师也要首先肯定他发言的积极性，然后再委婉地告诉他今后注意此类问题；学生若提出稀奇古怪的问题，教师也不要讽刺，以免引起哄笑，挫伤学生积极性；而对于提出了有价值性问题的学生，教师不要吝啬表扬，应充分予以肯定。值得注意的是，培养学生的创新情感实质上也对教师的素质提出了更高的要求。在教学中，教师要时刻用自己的人格力量去影响学生，充分尊重学生的主体地位，只有这样，学生的主体意识才能被唤醒，学生的潜能才能获得充分开发，学生才能形成创新意识、创新情感，发展创造性人格。

（二）创新设计能激发学生的兴趣

创新设计能激发学生兴趣、启发学生思维的教学情境，是培养学生创新能力的关键。

创设教学情境的目的，主要是激发学生兴趣和启发学生思维，强调的是创造性解决问题的方法和形成探究学习的精神。情境是指在社会生活中真实发生的或可能发生的事件场景，创设情境是指把这些事件或场景引入课堂，将学生置于一定的情境，使其产生新的问题，与其已有的知识经验产生碰撞，达到其认识冲突的临界点，从而使学生产生一种心理困境和心理需求，表现出一种渴求解决的情绪状态，并在这样的状态下进行探索学习。兴趣是构成学习心理的动力系统中最活跃的因素。思维是能力的核心，启发思维是德育教学中培养能力、发展智力进而提高学生素质的关键一步。

因此，在德育课堂教学中创设问题情境，能使学生认知的动力系统和智力系统处于兴奋状态，使学生全身心地投入认识活动和意向活动。在创设的新环境中，学生能够思维碰撞，开拓思路，这有利于学生创新能力的培养。在德育课教学中，教学情境的形式有很多，如问题情境、案例情境、活动情境等，不同情境创设的选择，要遵循学生的心理特征和认知规律，要以学生的实际生活经验为依据。在"法律基础知识"教学过程中，经常采用案例情境教学，能使学生从原有认知结构中产生矛盾，激发学生思考的欲望，这不仅能使学生在兴趣和成功的喜悦中较好地掌握新知识，还能使其从中拓展思维，培养创新能力，逐步掌握良好的学习方法。

（三）引导学生积极参与，培养学生的创造能力和实践能力

思维是从动作开始的，切断了动作和思维之间的联系，思维就得不到发展。在德育课教学中，教师可结合教学内容选择恰当的参与形式来培养学生的实践能力。

1. 组织学生课堂讨论

培养学生的创新能力就必须重视发散思维和逆向思维的训练，而课堂讨论是培养学生这两种思维的有效形式。课堂教学中，教师针对教学内容提出问题，引导学生互相交流切磋甚至辩论，有利于培养学生的动脑能力，拓宽学生的思路和知识面，有利于培养学生的创新精神和实践能力。讨论的形式主要分为两种：分组讨论和全班集中讨论。分组讨论时，每个学生都会有机会发言，阐述自己的观点，然后选出代表在全班发言。全班集中讨论面向全体学生，范围较大，它的特点是以学生活动为中心，学生广泛交流思想，交流信息，学生始终处于主体地位，教师只要给予巧妙的启发和点拨就能使学生融为一体，教师的主导作用和学生的主体作用可得到充分发挥。无论采用哪一种讨论形式，都可以使学生的发散思维和逆向思维得到训练，从而培养学生的辩证思维能力和逻辑思维能力。

2. 开展研究性学习

开展研究性学习，在研究中培养学生的创新精神和实践能力。研究性学习是指根据学

科领域或跨学科领域选择、确定研究专题，以培养和提高学生发展性和创造性能力为核心，以激发潜能、发展个性和完善人格为中心，以主动参与、协调合作、自主发展为主要外显特征的探索性和研究性学习过程。它以做调查、搞实验、搞设计、写论文报告等实践活动为重要途径，以必修课和活动课为特定载体，特别强调校内外、课内外学科间的交互作用，注意引导学生以高度的责任感去关注社会、关心国家和人类的前途，最终以培养学生的创新精神和实践能力为目标。这种研究型课程可以真正确立学生的主体地位，可以激发学生的独立思考和创新意识，培养学生的创新思维习惯，培养学生收集、处理信息和获取新知识的能力，分析解决问题的能力，语言表达能力和团结协作的社会活动能力，对培养学生的创新精神和实践能力有重要意义。开展研究性课程，首先要根据学生的知识基础确定研究专题，然后由学生自主参与社会调查，收集有效信息资源，再通过学生自己建构专题性知识网络，综合提取多学科的主干知识并进一步拓展，从而形成自己的研究性学习成果。这一连串的研究过程，可充分发挥学生的自主性，挖掘学生的潜能，使学生的创造能力、实践能力和协作能力得到最大限度的发挥。

（四）引导学生自主探究，促使学生善于创新

德育课程中的一些概念、原理很抽象，涉及社会生活的方方面面。因此，如何把教材知识和社会实际有机结合，是摆在每一位德育教师面前的一个基础课题。在多种多样的教学形式中，职业生涯规划以及德育小论文的创作活动，不失为培养学生创新意识的好形式。职业生涯规划和德育小论文创作活动，坚持了理论联系实际的原则，实现了课本知识迁移，能将其转化为学生高层次的思维能力。它既有利于培养和发展学生的观察能力，也有利于培养和发展学生的分析判断综合能力，更有利于培养和发展学生的想象力和创新能力。但对社会阅历不多的学生来说，进行相关的创作活动不是一件容易的事情。这就需要教师耐心地引导学生带着问题去学习、研究，反复实践，大胆质疑和解疑，发挥想象力与创新潜能。同时，要鼓励学生走出教室小课堂，走进社会大课堂，追求新发现，探索新规律，把课本中的概念原理由抽象转化为具体，不断地培养自己丰富的想象力和创新能力。例如，如何选择职业、适应社会是高校毕业生必然面临的一个现实问题，在给高校学生讲授"职业道德与职业指导"课程时，可以有针对性地指导学生按照"分析发展条件、确定发展目标、构建发展阶段、制定发展措施"四个步骤进行职业生涯规划。开展诸如此类的创作活动，能有效地使学生把所学知识和现实生活中的实际问题有机联系起来，激发广大学生的思维潜能，拓宽学生的知识视野，培养学生的创新意识，达到德育课程教学知识传授和塑造人格的双重目的，符合高校教育的办学目的。

总之，在高校教育德育课程教学中，要重视培养学生的创新能力，既要适应时代发展

的客观要求，也要推进素质教育。因此，广大教育工作者可以转变教学观念，改进教学方法和手段，为培养高校学生创新能力、振兴高校教育做出自己应有的贡献。

三、在德育课教学中培养学生的创新性思维

基于创新对国家、民族、个人发展的至关重要性，德育课教师在课堂教学过程中应通过激发学生的创新意识、开发学生的创新潜能、强化学生的创新思维等环节，培养学生的创新思维能力，为学生个人的发展、成长打下坚实的基础。

创新是一个民族进步的灵魂，是国家兴旺发达的不竭动力。21世纪的竞争，实质上是知识创新和技术创新的竞争，归根结底是具有创新能力的高素质人才的竞争。

教育是知识创新、传播和应用的主要基地，也是培育创新精神和创新人才的摇篮。职业教育作为我国教育体系的重要组成部分，承担着培养高技能人才和高素质劳动者的重任。高校学生作为未来产业大军的骨干，其素质高低对我国的发展有着很大的影响。对身为教育实施者和主体之一的德育课教师来说，如何在教学中培养学生的创新意识，提高学生的创新能力，是始终需要思考并努力实践的课题。在教学工作实践中，对学生这方面的能力进行培养，有意识地培养他们的创新性思维和能力，要从以下三方面有意识地展开教育教学：

（一）激发学生创新意识

有人说，思想过关是事业成功的关键。若想大学生有创新精神、创新思维，就必须激发他们的创新意识，使其有创新的欲望。

1. 激起学生的求知欲

积极的创新性思维，往往是在人们感到"惊奇"时，在情感上燃起对这个问题强烈的探索兴趣开始的。因此，要激发学生的创新思维，就必须使学生具有强烈的求知欲。要激起求知欲，首先要对学生进行理想教育。教师要用崇高的理想武装学生，使学生明白，社会要发展，国家要富强，民族要兴旺，伟大的中国梦要实现，都离不开自己的努力，离不开大家的不断创新。另外，要对学生进行生存教育。比如在新生入学第一学期的职业生涯规划课程中，教师可有意识地引入职场竞争、求职竞聘，以及企业生存、员工竞争上岗的案例视频及相关报道内容，使学生清醒地认识到现代社会不仅需要按部就班地接受工作安排的工作者，更需要学以致用的应用型人才。谁在工作岗位上能主动适应岗位要求，不断创新、提升自己的技能，谁就能在社会竞争中立于不败之地。这样学生才能明白学习的深刻意义，从而激起他们强烈的求知欲。

2. 激起学生强烈的创新欲

提到创新力，很多人就会习惯性地认为它是少数天才的特长，是特殊才能的表现，创新力的"非凡论"使很多人把创新看作高不可攀、可望而不可即的事。这样必然会束缚创新意识的产生。其实，事实并非如此，创新的核心是"新"，它是产品的结构性能和外部特征的变革，或者是造型设计内容的表现形式和手段的创造，或者是内容的丰富和完善。

创新力是每个正常人都具有的自然属性，是每个人都有的一种潜在能力，创新力和其他技能一样，是可以通过教育、训练激发出来并在实践锻炼中不断提高的。因此，要让学生明白"人人皆有创新力"，并使其深入人心。在课堂教学中经常进行实践案例的讲解，可逐渐消除创新的神秘感，激起学生的创新欲。

(二) 开发学生创新潜能

在学生的创新意识增强后，要想使他们的创新潜能更好地得到释放，还必须注意潜能开发，有针对性地对学生进行创新潜能的开发。

1. 培养学生"胡思乱想"的能力

想象力是人类运用储存在大脑中的信息进行综合分析，从而推断和设想的思维能力。在思维过程中，若缺乏想象力的参与，思考就会产生困难。爱因斯坦说，想象力比知识更重要。因为知识是有限的，而想象力概括着世界的一切，推动着社会进步，并且是知识进化的源泉。

2. 培养学生深入关注生活，分析和解决问题的能力

热爱生活、关注生活、深入生活是创新的前提和基础。平日里可要求学生在日常生活中有意识地观察和思考一些问题，通过日常的自我训练，提高其观察能力和大脑灵活性。

(三) 强化学生创新思维训练

1. 培养学生的发散性思维

发散性思维，又称扩散性思维、辐射性思维、求异思维。它是一种从不同方向、途径和角度去设想，探求多种答案，最终使问题获得完美解决的思维方法。探索适当的多种答案的过程，能充分表现出思维的创造性。时常穿插一些脑筋急转弯之类的有趣的思维拓展训练，对培养学生多方位的发散性思维非常有帮助。

2. 培养学生思维的灵活流畅性

思维的灵活流畅性主要指思维活动迅速，具有较高的灵活度，能够随机应变的特性。

为了培养学生思维的灵活性，教师可经常在课堂上把班级学生分成正、反两个阵营，组织课堂辩论赛。例如，讲"社会性是人的本质属性"时，让学生讨论"自私是不是人的本性"；讲"正确对待货币"时，组织学生辩论"金钱是不是万能的"；等等。

这种类似的随机辩论还可以鼓励学生在课后自行组织，学生在宿舍、班级、校园里都可以随时针对某个观点加以阐述、辩论。经常进行这种随机的、即时的辩论，对培养学生思维的灵活性、逻辑性很有帮助。

创新思维是创新教育的核心，是培养学生创新能力的关键。创新思维包括发散思维、逆向思维、侧向思维、辩证思维等。辩证思维是指用全面的、一分为二的、发展的观点来分析问题的一种思维方法，它要求人们在看待某个现象或问题时，既要看到其积极的一面，又要看到其消极的一面。

3. 培养学生敢于质疑的精神

创新就要敢于质疑，不迷信权威，不迷信书本。敢于提出问题，善于提出问题，是激发创新力的有效途径。在课堂教学过程中，注重对学生创新意识的培养和训练，一定能为学生的未来成长打下扎实的基础。

发现问题、提出疑问、解决问题，就是创新的过程，唯有创新才能推动世界向前发展。一个人只有会质疑，才表明他能够独立思考、分析问题并做出自己的判断，这是决定一个人未来能够创造、创新的首要的、最基本的素质。学源于思，思源于疑。质疑是学习和创新的开始。一个人真正要学习、会学习，就首先要学会质疑。学生学会了质疑，才是真正学会了学习；具备了质疑的能力，才会尝试去创新。在当下，每位教育工作者都需要切实转变教育理念，而不能只把学生是否会回答、会做题、能考试、考高分作为评判学生优劣的标准，而是要把培养学生的质疑精神、提升学生的质疑能力作为教育教学的首要任务。

四、在德育课教学中培养学生创新能力的实践与思考

传统的德育课教学正面临着一场前所未有的革命，如何培养学生的创新能力，是摆在每一位德育课教师面前的头等大事。这就需要德育教育工作者把握创新教育的内涵，充分认识德育课教学中培养学生创新能力的意义，大胆改革，大胆实践，激发学生的创新热情，培养学生的创新意识和创新能力等。

随着社会主义市场经济体制的不断建立与完善，知识经济时代已经到来，现代社会对人才素质的要求越来越高，而受过良好的职业训练，具有一技之长，特别是具有创新精神的学生，越来越受到企业的欢迎与重视。新一轮基础教育课程改革实验的全面展开，使得

培养学生的创造意识和社会实践能力成为素质教育的核心。大学阶段是一个人素质发展的重要时期，这一时期学生能否具有一定的创新精神，对他们将来能否成为创造型人才至关重要。下面就德育课教学中如何培养学生的创新能力展开阐述。

（一）把握创新教育的内涵

创新教育是以帮助学生树立创新意识、发展创新思维、提高创新能力为特征的教育，是一种着眼于受教育群体和社会发展的长远要求，以面向全体学生、全面提高学生的基本素质为目的，以注重开发受教育者的潜能、促使受教育者在德智体美劳各方面生动、活泼、主动发展为基本特征的教育。

现代职业教育是在不同水平的普通教育基础上进行的，着重传授某种职业或生产劳动所需的实用知识和技能，它将专业性和普及性相结合，是现代教育的一个重要组成部分，它与创新教育是相互依存和相互促进的。

第一，创新教育中创新能力的培养，即生存和发展能力的培养，是现代职业教育以能力为本位的教育教学思想本质的体现；第二，受教育群体的素质本身，就应该而且必须包含创新素质，缺乏创新素质的人是不能适应当今社会对人才素质的要求的，这样的人难以走出"学校招生难""学生就业难"的困境。

（二）认识在德育课教学中推行创新教育，培养学生创新能力的意义

我国高校教育开始走向健康发展的良性轨道，已经形成一个相对完善的教育体系，但就高校本身而言，依然存在一些"误区"，包括片面强调学生要学习、掌握"一技之长"，而忽视德育等文化基础课等。近年来，由于片面追求就业率，高校课程内容的设置过于局限、简单，只注重对学生进行工作岗位的基本操作能力训练，片面强调学生学会"一技之长"，而淡化和忽视学生的德育教育。德育教育在整个教学过程中提出了一系列新的带有根本性的问题。殊不知，文化基础课既是学习专业课的基础，也是培养学生创新精神和创新能力的前提，更是学生进入社会后得以发展的重要条件。

（三）培养学生的创新能力

要实施创新教育，大胆革新，更新观念，打破常规，培养学生的创新能力，教师就必须具备创新意识与创新精神。要做到这一点，必须从以下三方面予以突破：

1. 突破旧的教学观念

传统的教学观念重视知识传授，轻视能力培养；重视现成结论，轻视发现结论的过

程；重视检测掌握知识的情况，轻视考查获取知识、应用知识和创造知识的本领；重视整齐划一，轻视个性发展。对此，必须实现四个转变：一是不仅要注重扎实的基础知识，还要特别注重丰富的人文知识；二是不仅要很好地传授和学习已经形成的知识，还要注意培养实现知识创新、技术创新的能力；三是不仅要用掌握知识的多少来评价学生，还要从人格素质和创新能力的角度评价学生；四是不仅要强调全面发展，还要注重个性发展，充分发挥学生的能动作用，敢于标新立异，这样才能使教学着眼于能力培养，体现创新。

2. 突破旧的教学习惯

人们的工作、学习和生活重复多年，易于形成固定模式，教师要敢于打破旧的条条框框，克服自己的不良习惯，不断吸收新信息，积累新经验，运用先进的教学设备和现代化的教学手段。

3. 突破教材的局限

长期以来，不少教师视教材为"圣经"，使教学沦为教书。课本产生于一定的历史时期，其内容当时或许是最先进的，却不是最完美的，内容的滞后性制约着它的科学性。因此，要必须不断收集信息，把新知识、新观点增补到教材中去，删除那些落后内容，大胆改革教材，使学生学以致用。创新精神和创新能力是课堂质量的价值取向。

（四）大胆实践，培养学生的创新意识和创新能力

1. 改变师生关系，激发学生的创新热情

良好的师生关系是培养创新能力不可缺少的前提。传统的师生关系是一种倡导师道尊严的不平等的关系，教师是教学活动的控制者、组织者、制定者和评判者，是知识的化身和权威，因此，教师在教学活动中是主动者、支配者。传统教育观点认为，学生是来向教师求学的，理所应当听教师的话，服从教师的安排，在教学活动中只能是消极的、被动的学习者和服从者。尤其在一些德育课上，教师高高在上，照本宣科，学生当然不喜欢，学习的积极性不高。而新课改基于对课堂与教学一体化的认识，指出新课程需要相应的新的教学观，强调师生的互动关系，倡导主动的、多样的学习方式，师生之间是一种平等的关系，主张师生之间建立多种多样、多层面、多维度的沟通情境和沟通关系，认为学生的思想意志、情感和行为方式应该得到同样的尊重，应给予学生足够的展示自己才华、表达自己思想和情感的机会。在教学中，学生不再是消极、被动的学习者和服从者，而是积极、主动的求知者。这样，学生的创新能力也就在解决问题的过程中得到了培养。教师应本着"以人为本"的原则，树立师生平等的观念，注意与学生的情感交融，建立一种平等、尊重、和谐、发展的师生关系，营造一种民主、活泼的课堂氛围，从而激发学生的创新热

情，开拓学生的思维，把课堂变成实现以创新精神和实践能力为重心的素质教育的主阵地。

2. 巧设疑问，鼓励参与

正是问题激发我们去学习，去发展知识，去观察，去实践。教学过程是一个设疑、质疑、解疑的过程。教师只有在课前认真研究教材，精心设计问题，才能在课堂上提出学生感兴趣的问题。教师所提问题应与生活实践相联系，令人深思，给人启迪，调动学生参与的积极性，问题要有思考价值，以激发学生的创造性思维。导电塑料的开发、伽利略的重力加速度理论的产生、超导体的发现、杂交水稻的培育成功、爱因斯坦相对论的提出，所有这些无不是科学家对既有观念疑问而获得成功的。因而，教师在教学中要巧妙设计疑问，让学生讨论，激励学生质疑，积极引导学生去探索学习。教师也要积极参与讨论，以指导者、组织者、参与者、研究者的角色进行教学活动，引导学生大胆探索，各抒己见，畅所欲言。在讨论过程中，教师还要善于捕捉学生创造的火花，及时鼓励，及时引导，这有利于学生的思维由浅到深、由窄到宽、由形象到抽象，从而使学生创造思维的敏捷性、发散性、聚合性、发现性和创新性等要素得到有效训练。

3. 改变学习方式，鼓励学生运用求异思维

传统的学习方式过于强调接受和掌握，忽视了发现和探究，在实践中导致对学生认识过程的极端处理，把学生学习的过程变成仅仅是教师直接传授书本知识，学生学习纯粹是被动接受、记忆的过程。这种学习限制了人的思维和智力，摧残了人的学习兴趣和热情。转变学习方式就是要改变这种方式，突出学习过程中的发现、探索、研究等认识活动，使学习过程更多地成为学生发现问题、提出问题、分析问题、解决问题的过程，鼓励学生自主学习、合作学习和探究学习。

新课程改革要求注重培养学生的批评意识和怀疑意识，鼓励学生对书本的质疑和对教师的超越，赞赏学生独特化与个性化的理解和表达。这就要求充分发挥学生的主动性，对学生的好奇和求异加以引导和鼓励。没有求异就没有创造，求异往往是创造的开始。因此，教师要鼓励学生求异，让学生知道没有绝对的真理，不要盲目崇拜专家，而要敢于对权威、对理论、对教材、对教师、对学校质疑，鼓励学生大胆发表见解，提出设想，引导学生去探索、去质疑、去创新，从而培养其创新能力。

4. 关注社会和生活，从生活中来到生活中去

德育课教学中的基础知识和基本技能是培养学生创新能力的基础。教师应该重视"双基"教学，但是，我们教学的目的不能仅仅停留在对知识的掌握上，而是要用所学知识去观察、认识、分析、思考、解决现实生活和社会中存在的问题。也就是说，理论来源于生

活实际，而理论又要反过来指导生活实际。创新来源于实践，因此要强调理论联系时政、联系生活、联系实际，引导学生学以致用，从而培养学生的实践能力。教师在教学过程中，必须引导学生关心时事、关心生活，从实践中获得新知识、新信息，特别是要引导学生思考所学知识是否与当今国内外重大时事热点问题相结合。例如，讲正确对待挫折时，就要与学生遇到的学业、生活、人际关系等方面的挫折相联系；在讲"消费者合法权益受法律保护"时，可拿出一些商品让学生当场鉴别真伪，这样学生才会感兴趣，不仅学到了法律知识，而且增长了生活常识与经验，教师可以再进一步引申到其他侵害消费者权益的事例，让学生谈买到假冒伪劣商品时的感受，最后引导学生提出解决办法。只有让学生学以致用，才能发展学生的创新思维，培养学生的创新能力。

5. 充分运用现代科技手段，培养学生的创新能力

现代科学技术的发展，打破了"一支粉笔、一张嘴"的传统教学格局，现代化教学手段，如录音、投影、电视、录像、电子网络等的利用，使课堂生动、活泼。这种现代化教学手段，具有直观、生动、情境性强等特点，能将形象思维和抽象思维有机结合起来，增强教学的吸引力、感染力和说服力，使抽象的道理形象化，创设让学生思维层层展开、步步深入的教学情境，有助于学生分析能力、综合能力的提高。特别是现代网络的高速发展，开阔了学生的视野，为学生创新能力的培养创造了更为有利的条件。教师应熟练掌握和应用网络信息，教会学生使用网络远程技术来收集资料、整理数据、发现问题、分析问题、解决问题，使学生在学习过程中培养创新能力。例如，在教学生遵纪守法时，可以建议学生多看《今日说法》《焦点访谈》等节目，也可以把一些精彩节目录制下来，拿到课堂上与学生一同分析、探讨，还可以鼓励学生在网上与网友讨论有关法律的问题。

创新是一个民族持续进步的灵魂，是国家兴旺发达的不竭动力。一个民族唯有创新，才能屹立于世界民族之林。培养学生的创新意识和创新能力，开发学生的潜能，是时代的需要、国家的需要、民族的需要。创新教育的重任落在教师肩上，任重而道远。德育课教师面对的是处于其生命中集中学习阶段的学生，他们缺乏生活经验，各种思想正在形成，各方面充满着发展的需要，充满着活力，对他们创新精神和创新能力的培养，将影响其终身。因此，德育课教师应脚踏实地，大胆地改革，锐意进取，与时俱进，为给祖国培养一大批具有创新精神和实践能力的优秀人才而不懈努力。

第五章 高校生活德育工作的实践

第一节 教育者和受教者的实践双主体

反思各国学校德育实践不难发现，德育主体已从传统的单一主体观（以教师或学生为主体）转向现代的双主体观（教师、学生均为主体）。德育主体的转换实为哲学实践观的变化，即从生产实践走向交往实践。

一、传统德育的单主体观

第一，"教师中心"模式。该模式认为，教师是知识的化身、真理的代表和道德的代言人，并由此成为教育的主体，赋予教师以绝对的权威。教师不仅凭借"闻道在先"和"术业有专攻"而攫取教育话语权，而且牢牢控制着教育的目标、内容、方法和进程等。相反，学生则作为接受知识的容器和等待灌装的美德袋，被异化为"会说话的工具"，人的独立性和主体性被消解，处于消极被动的客体地位。该模式下，教师居中心，学生处边缘；教师是支配者，学生为从属者。

这种不平等的师生关系，决定了灌输法为传统德育的基本法。此外，还辅以奖惩法、劝诫法和规训法等。这些方法往往不顾学生客观实际情况和内在心理需求，而是从社会要求出发，自上而下、由外而内地对学生进行道德知识的强制灌输，表现为"我说你听""我打你通"等。虽然灌输法有利于传授道德知识，但受到了人们的诘难。灌输既不是一种传授道德的方法，也不是一种道德的传授方法，这是因为真正的道德包括对那些可能处于冲突的价值做出审慎的决定，说它不是一种道德的教学方法，是因为合乎道德的教学意味着尊重个体正发展着的推理能力和对他们所学内容的评价能力。

总之，教师中心模式下的师生关系是权威与服从的不平等依附关系，是"失真""变异"的人际关系。

第二，"学生中心"模式。该模式是对"教师中心"模式的反思与批判。教育要以学生为中心，教师的工作就是为学生的成长提供适宜的环境和条件。于是，教师从学生的前台退到了学生的背后，教师中心位置的退隐实为"教师中心"模式的颠覆。

"学生中心"模式的贡献在于：它要求教育从学生的兴趣、需要和能力等个性心理特征出发，以培养有个性的人为目标。它强调教育与社会生活的关联，主张把学校改造成一个"雏形社会"。它肯定直接经验在学习中的重要性，主张学生"在做中学"而不是"在听中学"。它把学生视为有生命的独立个体，并奠定他在教育中的中心位置，积极发挥学生的主观能动性，这不能不说是对学生的一次伟大解放。这些思想无不闪烁着智慧的光芒。

但是，该模式在解放学生、培养个性的同时，也放弃了教师道德教育的责任，在任由学生自由发展的同时，也造就了道德的相对主义和虚无主义，从而极有可能使学生陷入价值困顿、混乱的尴尬局面。因此，"学生中心"模式是对"教师中心"模式的矫枉过正。它从一个极端跳到另一个极端，在实践中同样是有害的。

二、生活德育的双主体观

生活德育就是师生、生生主体间以共同客体为中介所构成的交往活动。教师和学生同作为生活德育的主体，是"我—你"主体间关系，也是人与人之间的交往关系。他们主体间关系以生活世界为客体中介，使德育真正通向生活世界，并在生活世界中探寻人的价值、意义，丰富人的精神世界。以马克思主义交往实践观为哲学基础的生活德育，实现了对传统德育单一主体观的超越。生活德育双主体观的确立，由此带来了德性生成转换、德育价值重构、德育目标转移以及德育方法改造等重大影响。

首先，生活德育双主体观使德性生成实现了从外部塑造走向内在生成的转换。生产实践观视域下的我国传统德育，教师是德育的唯一主体，他是道德的权威和美德的化身，学生则是受教师直接支配、对象化的客体，任由教师按照社会要求去肆意雕琢或模塑。因此，在传统德育下，人的德性生成强调的是外部作用即教师的力量，学生德性是外塑的结果。而交往实践观视域下的生活德育，把教师和学生都作为主体，双方是平等主体间的"我—你"关系，学生是有思想、有情感的独立个体，在教师的指导、帮助和合作下，通过自己的思考、探索、体验和感悟，把外在的道德要求转化为内在的道德信念，从而生成人的德性。可见，学生德性是在外部条件影响下，通过自主活动内在生成的，强调的是学生个体的内部作用。

其次，生活德育双主体观使德育价值实现了从工具价值走向生命价值的重构。传统德育下，教师作为主体人而出现，学生作为客体物而存在，是待加工的工具，原本有血有肉、现实而有感性的人不见了。德育变身为主体人对客体物的工具性改造，教师从社会需要出发，把学生统一模塑成社会大机器中的一颗颗螺丝钉。传统德育错误地把人异化为物，背离了德育育人之根本而走向制器的迷途。相反，在生活德育中，师生同为主体，都是有独立人格的人，都以人的身份平等出场。教师的责任在于促进学生人格发展、丰富精神生命。一言以蔽之，生活德育用人的方式去关怀人、理解人、帮助人、发展人和完善人，以促进生命成长、提高生命质量、发现生命意义、实现生命价值作为最高价值追求。

再次，生活德育双主体观使德育目标实现了从知识传递走向意义生成的转移。传统德育下，教师是道德知识的传授者，学生是知识的被动接受者，双方纯粹是一种单向的知识授受关系。德育目标仅限于学生对道德知识的掌握，并以知识多寡来评判个体道德成长的标准。以知识传递为目标的德育，因远离生活世界，学生不仅难以发现学习意义、体会学习乐趣，而且只能习得"关于道德的知识"，对德行影响甚微。而生活德育不同，由师生双主体建构出民主平等的新型师生关系，使他们结成"学习共同体"，用生命影响生命。通过共同探究、情感交流、民主协商和心灵对话，达成经验共享、思想共识和精神相依，生成新的意义。现代德育的职责已越来越少地向学生传递美德知识，而越来越多地帮助学生发展道德情感、态度、能力和价值观，发现生命意义，创造人生价值。

最后，生活德育双主体观使德育方法实现了"从静听中学"走向"从活动中学"的改造。传统德育下，教师要求学生静坐在教室里，通过"我说你听"、记忆、背诵等方法进行道德知识的学习。这种"从静听中学"的方法，扼杀了学生学习的主体性、主动性和积极性。这种缺乏主体参与的道德学习，使得德育成为外在于学生需求的一种外部强迫。在传统课堂上，学生经常处于"失语""不在场"状态，而教师则自言自说、处于"独白"状态。相反，生活德育则强调师生双主体作用，尤其重视学生的主体性，主张通过生活的德育功能，要求学生积极参与生活，在生活中亲身体验、学习和实践。在课堂上，教师通过创造性活动，如组织讨论、辩论、角色扮演、协商对话等形式，师生共同在场，积极参与各种活动，在交往互动中深化认识，丰富体验，增长经验。

三、价值引导与自主建构的统一

个体道德的形成与发展是在教育主体的价值引导下，通过受教育主体的内在自主建构活动而实现的。若把教育主体的价值引导看成是个体道德形成、发展的外部条件，那么，受教育主体的自主构建活动则是内部因素。两者相辅相成，相互依存，共同构成完整的德育过程。

（一）教育主体的价值引导

1. 价值引导解析

所谓价值引导是指教育主体把社会道德准则"外加"给受教育主体，帮助他们"内生"成道德品质的过程。在价值引导中，教育主体视受教育主体为有自我选择、自我判断和自我建构能力的人，他是自身道德品质的最终决定者，而教育主体则给受教育主体以方向和目标的指引。具体就德育而言，价值引导主要体现在教育主体对德育目标的预设、德育内容的选择、德育活动的组织、德育环境的营造等环节。这些环节都内蕴着一定的价值选择和价值预设，教育主体通过上述环节来引导受教育主体的品德发展方向。

2. 价值引导的理由

首先，从人性发展来看，人都有向善恶两端发展的无限可能。与善为伴，人才是真正意义上的人。无疑，人的发展应扬善抑恶，去恶从善，脱离兽性，走向人性。学校德育通过价值引导，帮助学生唤醒善的意识，培养善的能力，做一个知善、爱善和行善的人，追求生命的价值和意义。一句话，"成人"是德育的根本使命。

其次，从学生成长来看，他们正处于价值观形成的关键时期，尚未成熟、定型，可塑性大。但大部分学生由于受社会经验、生活阅历的限制，缺乏对道德问题的自主分析、判断和选择的能力。如果学校德育不对学生进行积极的价值引导而任其自由发展，那么，就容易使学生陷入是非、美丑、善恶模糊的道德困境，从而不利于学生的成长。

最后，从社会现实来看，当前是多元价值观念并存的时代，各种利他的、庸俗的、利己的价值观念纷至沓来，对青年学生形成强烈的价值冲击。面对日益复杂多变的社会环境，企图把一切有害的价值观念阻拦在外，是一种不切实际的幻想。学校德育宜疏不宜堵，应自觉承担起对学生进行价值引导的重任，因事而导，顺势而为，这是其存在的合法之基。

总之，价值引导是学校德育的责任和使命。若放弃了价值引导，既意味着消解了教师的主体作用，也消解了学校德育的价值根基。

3. 价值引导的主要路径

在德育过程中，教育主体可通过以下主要路径进行价值引导：

一是目标引导。生活德育强调目标的生成性，但这个生成并不是漫无边际，而是有方向引导。一般来说，德育既要满足个人生命发展需要。同时，也要兼顾社会发展状况，在个人需要与社会发展之间保持必要张力。这是德育价值引导的两大方向。所有目标都应朝着这两大方向努力前进，而不能偏离它们的轨道。

二是内容引导。生活德育强调德育内容的生活化，但并非一切生活都具有教育意义，因为生活既包含美而善的道德生活，也有无涉道德的生活，甚至反道德的恶生活。因此，要对来自生活的德育内容做出恰如其分的筛选，以正面积极引导为主。同时，不忘对现实保持批判态度，并引导学生对现实进行建设性改造。

三是榜样引导。在所有价值教育领域，榜样学习都是极端重要的学习方式。榜样是社会价值观的表率者和引领者，是活的教科书。榜样者高尚的道德人格和言行一致的道德追求能对他人产生难以估量的影响，给人以无穷的力量。当然，榜样并不是高不可攀的完美者，而是来自你我身边的道德践行者。要用学生身边的好人、好事，引领、培育和践行社会主义核心价值观。

四是文化引导。文化引导实为价值引导，因为文化的灵魂与核心是价值观。由于文化的广泛性，包括物质文化、制度文化和精神文化，为此，德育可通过美化校园环境、净化校园生活、制定校园规章制度、打造校园高雅艺术、开展校园文体活动和建设校园精神文明等途径进行价值引导，用先进文化引领学生生活。

（二）价值引导与自主建构的交互作用

在生活德育中，教育主体的价值引导与受教育主体的自主建构之间究竟是什么关系？根据马克思主义哲学矛盾论原理，价值引导与自主建构是既对立又统一的矛盾关系，它们共同构成了德育过程的一体两面。这意味着，真正的德育并非教育主体或受教育主体的单边、单向活动，而是价值引导与自主建构的双向互动和辩证统一。

1. 价值引导与自主建构的对立矛盾

高校德育承担着培养德智体美劳全面发展的社会主义建设者和接班人的神圣责任与使命，社会性是德育的根本属性。无视学校德育的社会性，既违背客观事实，也否定德育存在的社会价值。在德育过程中，教育主体从社会需要出发，按照社会要求，站在社会立场，对受教育主体进行价值引导，目的是使个体完成道德上的社会化。而受教育主体的自主建构则从个体立场出发，根据自身需求进行自我设计、自我创造和自我完善，享有自由选择的权利。价值引导往往根据社会意图，对受教育主体的道德认识、判断和选择施加有目的、有计划和有组织的影响。当两者立场相左、需求不一时，就会形成矛盾的冲突面。当然，这种对立冲突面并不是两者关系的全貌，它们还有相互统一的另一面。

2. 价值引导与自主建构的相互统一

虽然在一定条件下，价值引导与自主建构是对立关系，但这种矛盾对立关系是可以调和统一的。它们也可以是相互规定、相互制约、相互渗透、不可分割的统一关系。德育过程就是价值引导与自主建构的统一体。

第一，价值引导是自主建构的前提和手段。人是有目的的存在物，人的一切实践活动无不是有目的、有意识的能动活动。有了目的，就有了活动的目标。学校德育亦是如此。因此，在德育过程中，受教育主体的自主建构并不是漫无目的、随心所欲地自由生成，而是在教育主体的价值引导下，不断趋近德育目标。或者说，教育主体的价值引导为受教育主体的自主建构提供了价值守护与目标指向。受教育主体的自主建构始终不能偏离这个前提。就此而言，不存在没有价值引导下的自主建构。

从目的和手段来考察两者关系，价值引导是实现自主建构的手段，自主建构是价值引导追求的目的。这就意味着，价值引导不是为引导而引导，其根本在于受教育主体自身的价值建构。可见，在德育中，教育主体的价值引导不是目的而是手段，受教育主体的自主建构才是真正目的，在实践操作中不能混淆、倒置这种目的与手段的关系。

第二，自主建构是价值引导的出发点和落脚点。教育主体在价值引导时，不仅要考虑社会需要，而且更要考虑受教育主体的实际情况，即从受教育主体的能力和要求出发，把提高自主建构能力作为价值引导的出发点和落脚点。否则，离开受教育主体的自主建构，价值引导就会失去存在的价值和必要。

从自主建构作为价值引导的出发点来看，一方面，它要求教育主体务必考虑受教育主体的整体道德发展水平，不能太超前，更不能滞后，而是"适当超越"受教育主体的当下接受能力。为此，教育主体要努力把握学生道德发展的"最近发展区"，并据此安排教育内容，选择教育方法。另一方面，由于个体差异性的存在，教育主体在价值引导时，还要观照每一个受教育主体的特殊要求，因材施教，促进个体的道德成长。

从自主建构作为价值引导的落脚点来看，意指教育主体的价值引导水平或效果要以受教育主体的自主建构发挥为前提和检验的尺度，即价值引导的水平高或低，效果好或差，均须在自主建构发挥中得以检验和证明。正是从这个意义上来说，受教育主体的自主建构既是衡量教育主体价值引导的根本尺度，也是德育的根本和归宿。德育归根结底不是教授给学生多少道德知识，而是重在发展学生的道德自主建构能力。

3. 交往是连接价值引导与自主建构的桥梁

生活德育是建立在交往实践基础之上的主体间性活动，是师生、生生多极主体间的交往互动。因此，从这个角度来说，师生交往活动是生活德育实现价值引导与自主建构相互统一的桥梁。

一般来说，师生交往活动分三个步骤：首先，师生互识。互识是指主体间的相互认识和相互了解。从教师来说，需要了解、熟悉学生的兴趣、特长、爱好、能力、品德发展水平以及个性特征等。从学生来看，需要了解教师的人品、学识和修养。其次，师生共识。双方在互识基础上，敞开心扉、畅所欲言、各抒己见，共享知识、经验、见解、思想和观点等，消弭个体视界差异，达到对同一事物的相同理解，即共识。最后，师生共生。师生、生生组成"学习共同体"，双方在一起共同学习、体验和成长。此时，师生身份已经退隐，双方都是学习者、探索者和发现者。从学习视角来审视，交往过程实质是个体自我探索、自我发现和生命成长的过程。

从以上不难发现，教师的价值引导和学生的自主建构已在师生间的精神相依、心灵相偎、视野融合和内心敞亮中不知不觉地实现，并融为一体。而这一切都有赖于交往活动的展开。在德育过程中，务必要重视师生、生生间的对话。理想的道德教育应当是师生之间的一种精神对话，是一个对双方都共同感兴趣的领域相互提出问题、共同解决问题的过程。

需要强调的是，并不是所有的交往活动都具有德育意义。只有那种能够引发道德思考，进行价值探究，体验道德情感，锻炼道德意志，优化道德行为模式的交往活动才具有德育价值和意义。不言而喻，我们需要的是教育性的交往活动。

第二节 人与社会、自然和自我的实践内容

生活德育是以人的生活为基石、以关怀人的生活为使命的德育。而人的生活包括社会生活、自然生活和自身生活三大领域。因此，生活德育的基本实践内容就是要帮助学生学会处理人与社会、人与自然和人与自身三大基本关系，致力于实现人与外界的和谐共生以及人自身的全面发展，过美而善的生活。

一、培育社会合格公民

从人与社会关系审视，生活德育的根本使命在于把学生培养为社会合格公民，即社会的每一个成员都能成为认同、承担责任、积极参与建设社会共同理想的公民，达到人与社会的和谐共处。

（一）公民内涵及我国公民规定

1. 公民内涵解析

公民是政治社会或国家的真正主人，能积极参与社会事务，自觉维护自身权利和承担社会责任。公民也是民主政治和现代社会的身份标志，不存在人身依附关系，表现为个性自由，人格独立。公民还是政治社会或国家的平等成员，法律面前人人平等，享有平等权利，履行平等义务。

2. 我国对公民的规定

"四有"公民。公民概念是具体的、历史的和特殊的，在不同时期、不同国家是动态

变化的。就我国来说，改革开放以来，随着社会主义市场经济和民主政治的发展，公民社会正在迅速崛起。为适应社会发展需要，以培养公民为目标的公民教育已成为实践行动。社会主义精神文明建设的根本任务，是适应社会主义现代化建设的需要，培育有理想、有道德、有文化、有纪律的社会主义公民，提高整个中华民族的思想道德素质和科学文化素质。

中国特色社会主义进入了新时代，新时代是全体中华儿女勠力同心、奋力实现中华民族伟大复兴中国梦的时代。中国梦的实现，需要一代代人的接力奋斗。党和国家高度重视、相信和依靠青年，提出了青年一代有理想、有本领、有担当，国家就有前途，民族就有希望的重要科学论断。因此，做一个"有理想、有本领、有担当"的时代新人就成为当前高校人才培养的目标。育新人，就是要坚持立德树人、以文化人，建设社会主义精神文明、培育和践行社会主义核心价值观，提高人民思想觉悟、道德水准、文明素养，培养能够担当民族复兴大任的时代新人。

总之，在新时代，"担当民族复兴大任的时代新人"应成为每个公民的努力方向。唯有如此，我国"两个一百年"奋斗目标的第二个一百年目标的实现以及中华民族伟大复兴中国梦才能在一代代人的接续奋斗中成为现实。

（二）建构"四位一体"的教育内容

结合公民概念内涵及我国公民规定，生活德育要以公民权利和义务教育为起点，以公民道德教育为基础，以公民政治教育为主导，以公民"三观"（世界观、人生观和价值观）教育为根本，帮助青年学生树立正确的世界观、人生观和价值观，成为热爱祖国、遵纪守法和有道德的公民。

1. 以公民权利和义务教育为起点

首先，正确理解权利和义务的关系。权利是法律规定的给予公民某种合法的利益或自由，有助于实现个人自由。义务则是法律规定的要求人们承受某种约束或负担，有助于建立社会秩序。可见，权利和义务是法律这一事物中两个规定相左、互相排斥、分离的因素，处于对立关系。但同时，两者也是相互依存、相互贯通、相互包含、不可分割的一体关系，一方的存在要以另一方的存在为前提条件。综上所述，权利和义务是对立统一的辩证关系。公民既是权利的享有者，又是义务的履行者。

其次，了解公民基本权利与基本义务。宪法是国家的根本大法，规定了一国公民的基本权利和基本义务。它们是处理公民与国家、社会、他人关系的基本准则。公民享有如下基本权利：平等权；政治权利和自由；宗教信仰自由；人身自由权；批评、建议、申诉、控告、检举权和取得国家赔偿权；社会经济权；文化教育权等其他权利。宪法还规定了公民应履行的基本义务：维护国家统一和全国各民族团结；遵守宪法和法律；维护祖国的安全、荣誉和利益；保卫祖国、依法服兵役和参加民兵组织；依法纳税等其他义务。中华人民共和国的每一个公民都依法平等享有以上基本权利，自觉履行法律规定的基本义务。

最后，正确行使公民权利和履行义务。具体来说，一要引导学生从权利与义务视角，理解个人与国家、社会、他人间的关系，强化学生的公民权利和义务观念，尤其要增强责任感和义务感。二要帮助学生了解权利与义务的界限。简单来说，权利的范围就是义务的界限，同样，义务的范围就是权利的界限。无论是行使权利，还是履行义务，都应当在法定界限内进行，而不能越出制度设计的框架之外，超越法律之上。三要帮助学生懂得权利义务的设定是为了保证个人自由和社会秩序的实现，既要主动行使权利，更应自觉履行义务。只有这样，才能顺利完成个体的社会化过程。

2. 以公民道德教育为基础

公民道德是人类社会生活中根据共同生活的客观需要而形成的，为社会中的每个成员所必须遵循的行为准则和公共生活规则。它反映的是全社会的共同利益，对个人行为起规范和约束作用，是社会最基本的伦理底线，需要全体社会成员共同遵守。

公民道德代表着一个国家、社会整体的文明发展程度。在当前我国社会转型时期，加强公民道德教育有着更为重要的意义。这是因为，我国现在面临着社会结构转型、经济体制转轨、利益格局重组的重大转变期。同时，改革正处于攻坚期和深水区，各种社会问题和社会矛盾凸显，复杂性和艰巨性前所未有，而我国社会管理体制及法治建设等尚需一定的完善过程，再加之错误价值取向的负面影响，出现了道德失范甚至滑坡等严重现象。

在公民道德建设中，学校堪当重任，成为公民道德教育的主阵地。因为相比家庭、社会教育，学校教育具有目的性、计划性、组织性和系统性。就高校而言，必须认真贯彻"育人为本、德育为先"的教育方针和"立德树人"的教育根本任务，把道德教育置于学校工作的中心，并渗透到学校教育的各个环节、全部课程、一切活动以及校园生活。通过发挥课程育人、科研育人、实践育人、文化育人、网络育人、心理育人、管理育人、服务育人、资助育人和组织育人的协同作用，重视德育课程改革，创新德育工作方法，加强师德建设，要求教师以德立身、以德立学、以德施教，切实提高学生道德素质。

二、创造自然美好生活

从人与自然关系审视，生活德育的根本任务是把学生培养成"生态人"，善待自然，保护环境，建设美丽家园，创造自然美好生活，达到人与自然的和谐相处，实现社会永续发展。

（一）重构人与自然关系

长期以来，人与自然处于二元对立关系，一种为"自然中心主义"，另一种为"人类中心主义"。自然中心主义认为，人脱胎于自然的母体，人是自然之子，主张以自然为中心，把自然置于主导地位，而人则依附于自然而存在，处于被动、顺从地位，人应敬畏自然、效法自然和顺应自然。相反，人类中心主义则认为，人在自然之外，是万物之灵、是自然的主人，人是中心，应主宰自然、征服自然和统治自然，而自然则是人征服、改造的被动客体，人对自然拥有绝对的支配权和控制权。上述两种中心主义，看似对立，实则一致，都把人与自然置于对立的两极，割裂了人与自然的内在关联和统一性，没有正确把握两者的合理关系，在理论上是错误的。

自然中心主义无限夸大自然的地位和作用，而否定人的主体性和能动作用，这是对人的蔑视。人类中心主义则无限夸大人的主体地位和作用，而无视自然对人的反作用，这是对自然的侵犯。理论错误带来了实践的巨大危害。在自然中心主义下，人是渺小、无能为力的，人只能臣服于自然，受自然的任意摆布与主宰，放弃了人对自然的合理利用与改造。在人类中心主义下，人以"人定胜天"的战斗姿态，按照人的主观意志，任意掠夺和破坏自然。在人向自然开战的同时，自然也给予人报复和惩罚。人与自然关系的恶化，造成了生态危机，严重威胁着人类的生存和永续发展。因此，无论哪种中心主义，都不能给人类带来真正的福祉。

事实上，人既不是自然的奴仆，受自然的奴役和压迫，也不是自然的主宰者和统治者，而是与自然平等相处的生命体。人与自然是平等关系，而不是主从关系，更不是征服与被征服的关系。人的历史不是一部和自然交战、和人交战的历史，人和自然可以和谐相处。人与自然都是生态系统中的一分子，在这里，没有中心，只有彼此依存，相互作用，共生共荣。只有把人与自然放在平等地位，相依相偎，尊重自然、善待自然、按自然规律办事，才能超越二元对立关系，从紧张、对抗的关系中解放出来，走向人与自然的和解、协调与统一，实现"天人合一"的理想境界。

坚持人与自然的和谐共生是习近平新时代中国特色社会主义思想的基本方略之一。必须树立和践行"绿水青山就是金山银山"的理念，坚持节约资源和保护环境的基本国策，像对待生命一样对待生态环境，统筹山水林田湖草系统治理，实行最严格的生态环境保护制度，形成绿色发展方式和生活方式，坚定走生产发展、生活富裕、生态良好的文明发展道路，建设美丽中国，为人民创造良好生产生活环境，为全球生态安全做出贡献。这一科学论断为新时代我国生态文明建设指明了行动方向，提供了根本遵循。同时，它也为全球生态建设提供中国方案、贡献中国智慧，为人类可持续发展做出重大贡献。从敬畏自然到征服自然再到尊重自然，人类走过了一条否定之否定的辩证发展之路，终于找到了人与自然的和谐共生，协调发展，这是人类走向未来的唯一出路。重构人与自然关系，既是对人类行为的再调整，也是对社会发展目标的新抉择，更是创造美好生活的新前提。

（二）在生态实践中创造自然美好生活

生态实践是以构建良好生态环境，建设人类美好家园，创造自然美好生活为目标的人类实践活动。生态实践主要指增强生态审美体验和参与生态实践建设，它们是人类通往自然美好生活的阶梯。高校生活德育要为学生提供一切生态实践的条件和机会，使他们在参与生态实践中创造自然美好生活。

1. 增强生态审美体验

人脱胎于自然，与自然有着本能的亲和性。当人回归自然，置身自然，就像是人回到了自己的家园。高校生活德育要设计一些生态主题实践活动，如自然采风摄影展、自然景观随手拍、走进自然绘画作品展等，利用节假日或休息日，组织学生到森林公园、乡间田野、自然保护区等地方，走进自然、亲近自然、欣赏自然，在生态审美中体验自然的神圣与崇高，追求人与自然万物的圆融相通，获得心灵的宁静与自由。

在与大自然的拥抱中，人敞开自己的心扉，并调动身上所有感觉器官，用心与自然交流沟通，观生命百态、看日出日落、闻鸟语花香、品湖光山色、赏花草树木、察自然之美。自然美是多种多样的：有色彩搭配的协调之美，有结构比例的匀称之美，有要素组合的和谐之美，有性能耦合的统一之美。在生态审美中，人不仅获得身心上的愉悦与享受，而且生发出人对自然的热爱之情，充满对世界万物的深切关怀，由怜人而怜物，懂得尊重自然、保护自然和敬畏生命。更重要的是，人与万物生命融为一体，互相渗透，走向天人感应，自觉做自然的守护者，让一切生命处于自由本然状态，达到"天地与我并存，万物与我齐一"的"天人合一"境界，真正实现人与自然的和谐共生。

2. 参与生态实践建设

增强生态审美体验的目的是激发学生对生态美的热爱与追求，而参与生态实践建设则把对生态美的热爱与追求化为实实在在的行动，努力建设人类美好家园。高校生活德育要引导学生通过各种途径，将环保理念渗透到日常生活中去，化为个体的自觉行为，在实践中养成良好的生态行为习惯，践行健康文明消费方式和节能低碳生活方式。只有这样，人类才能真正走向自然美好生活。

重视和加强生态环境教育。通过定期举办各类环保活动，如组织学生参加环保公益活动，进行生态环境实践调查，参观自然生态保护区，考察生态实验室、污水处理站等，了解当前环境状况，增强学生环保意识，掌握环保知识、技能，提高学生对环境的探究、解决能力等。通过社团刊物、校园广播、网络媒体等传播媒介，向学生宣传、普及生态知识，让他们意识到环境问题的严峻性以及环保的迫切性和重要性，动员广大学生以实际行动打响"环境保护战"。通过特殊日子，如世界地球日、世界环境日、世界水日、植树节等，呼吁广大学生身体力行，保护地球、节约用水、参加植树造林等，切实爱护和改善环境。通过政策宣讲，使学生自觉履行环境监督权，对环境破坏者要勇于检举揭发，切实承担起保护环境的责任和义务。

培育生态环境建设主力军。在校内建立环保类学生社团组织，培养学生成为环保宣传员和建设者。组织学生到校内外，如景区、社区、街道等地方进行有关环保知识、政策的宣讲，在全社会形成生态建设和环境保护的良好氛围。要求学生在日常生活中积极践行环保理念，养成良好生态行为习惯，如减少生活垃圾、做好垃圾分类处理、不乱扔垃圾、不污染环境；珍惜、合理利用资源，杜绝浪费；购买、使用绿色产品；反对"用了即扔"的一次性使用；变换交通方式，尽可能徒步、骑车、乘公共交通等。鼓励学生发明创造，积极研发各类环保产品，如污水处理器、空气净化器、节能减排产品等，节约资源，减少污染，高效利用，保护环境，造福人类。

践行健康文明的消费方式。我们应践行适度消费、绿色消费、理性消费和可持续消费等健康文明的消费方式，做到无公害、无污染和无浪费。消费方式的彻底转变，既是人类对自然的深切关爱，更是人类对自身前途、命运的终极关怀。

践行节能低碳的生活方式。众所周知，人类工业文明的发展是以大量能源、资源的耗竭为代价的。这不仅严重影响了人类的可持续发展，而且引发了全球温室效应等环境危机。人类提出了"低碳经济""低碳生活"等发展新思路，即减轻对环境的压力。为此，我们应践行节能低碳的生活方式。它以"低能量、低消耗、低开支"为主要特征，是一种健康、自然、安全的生活方式。具体到日常生活中，应做到节约利用，如：节约水、电、煤、气、油等；做到循环利用，拒绝使用一次性筷子、杯子、纸巾等生活用品；做到清洁利用，使用环保无害物品；做到绿色出行、低碳出行，减少开车等。

总之，只要人人成为生态环境的参与者、贡献者，从自身做起，从小事做起，那么，建设一个绿水青山、蓝天白云、鸟语花香、优美宜人的生态环境，实现人与自然的协调统一，走向自然美好生活，必将成为现实。

三、建构自我幸福人生

从人与自我关系审视，生活德育应以建构幸福人生为根本指向，以成就人与自我的和谐相处、精神生命的丰盈以及人的价值潜能开发为指归，为幸福人生奠基，过幸福的生活，做幸福的人。离开对幸福人生的关怀，生活德育就会丧失其内在价值。

（一）对幸福的诠释

追求幸福是人的永恒主题，人的一切活动都以幸福为指针。对幸福的探索与诠释是人走向幸福的起始。在人类思想史上，无数圣贤先哲追问"幸福是什么"，并为后人留下了关于幸福的真知灼见，具有深刻的启迪价值。

1. 幸福是人的需要满足后的积极心理体验

幸福是指人之所以为人的真理与自己同在时的心理状态，包括一切真实的事物、人性的道理、他人的生命甚至动物的生命与自己同在等，是一种心理欲望得到满足时的状态，是一种持续时间较长的对生活的满足和感到生活有巨大乐趣并自然而然地希望持续久远的愉快心情。人的欲望、需要就是人的本性。满足它，就是对人的生命和人性的维护，也是对幸福的追求。相反，摒弃、剥夺它，既是对人的生命和人性的否定，也是对人的幸福的剥夺。当然，人的需要是复杂的、丰富的和全面的，有合理需要和不合理需要、有低级需要和高级需要、有物质需要和精神需要等。人的需要是指人的合理需要，是指那些合乎社会生产力发展水平、合乎社会总体需要、合乎社会伦理与法律要求的需要。就此而言，幸福就是个人合理需要满足后的主观心理体验，可通过愉悦、快乐等积极情绪反应来表达。

那么，快乐是否就是幸福？在现实中，许多人把快乐误当幸福，造成对幸福的误解。因此，划清两者边界尤为必要。快乐与幸福主要区别如下：首先，幸福只源于人的合理需要，而快乐的来源则比较复杂。一些不正常、不健康的需要的满足，带给人的是快乐而不是幸福。值得重视的是，这种不健康的快乐不仅不是幸福，而且还会危害幸福、毁灭幸福。其次，快乐与幸福都是人的愉悦心理体验，但快乐转瞬即逝，一闪而过，具有暂时性，而幸福则是持续的快乐，具有持久性。最后，快乐是满足某种欲望或某个需要就能实现的，具有局部性，而幸福则是人对自己整体生活的总体愉悦感受，具有整体性。

2. 幸福是物质幸福与精神幸福的统一

物质是人类的第一需要，没有物质，人类将不能生存。可见，物质需要是人类生存、发展的必要前提。我们把人从物质需要的满足中获得的幸福称为"物质幸福"。由于物质需要是人的第一需要，具有举足轻重的作用，因此，物质幸福在人的幸福中具有基础性地位。但是，人不能仅满足于物质幸福，还有超越物质之上的精神需求，从精神生活中获得的精神幸福。这是因为，人不仅是自然存在物，更是精神存在物。人的精神生命和精神需求是人之为人的规定性，是人与动物的根本区别。因此，从人的需要视角审视幸福，幸福应是物质幸福与精神幸福的统一。

物质幸福与精神幸福既区别又联系。从两者区别来看：第一，物质幸福来自物质需要的满足，而精神幸福则植根于精神生活的满足。第二，物质幸福以对物的占有、享用和消费为主要表现形式，而精神幸福主要以文化审美、人格完善、道德提升、精神创造等为表现形式。第三，物质幸福反映的是人与自然、社会等外部关系，依存于外界，受外界左右、制约。精神幸福反映的是人自身精神世界的充实，不受外界影响，是发自内心、灵魂深处的愉悦。第四，物质幸福有形有限，具有局限性和短暂性，而精神幸福则无形无限，具有超越性和持久性。就两者联系而言，物质幸福是精神幸福的基础，精神幸福是物质幸福的派生物。精神幸福虽具有相对独立性，但终归要受制于物质幸福。精神幸福是对物质幸福的超越和指引，显示了人的高贵与自由。它们相互依存、相互作用。

3. 幸福是个人幸福与社会幸福的统一

人是最名副其实的社会动物，不仅是一种合群的动物，而且是只有在社会中才能独立的动物。人作为社会存在物，不能脱离社会而孤立存在。人要受制于各种社会关系和社会条件。社会的最终目的是促进个人的自由全面发展。因此，个人与社会是相互依存、相互促进、共同发展的。

幸福从主体上划分，可分为个人幸福和社会幸福两大类。个人幸福是以个人为主体的幸福，指向单个人。社会幸福是以社会为主体的幸福，指向整体或共同体。马克思对个人与社会关系的精辟论述为我们正确认识、处理个人幸福与社会幸福奠定了哲学基础。从两者关系来看，个人幸福是社会幸福的基础和目的，无数个个人幸福构成了社会整体幸福，而社会整体幸福不过是为了实现每个社会成员的幸福。社会幸福是个人幸福的综合体现，它决定、制约着个人幸福的实现程度。正是基于两者相互渗透、相互影响关系，在现实中，要把握好个人幸福与社会幸福的关系。

一方面，个人在追求幸福时，切记社会人身份，把个人幸福与他人幸福、社会幸福结合在一起，以促进他人幸福和社会幸福为最高价值追求。只有在为他人、社会增进幸福的同时，个人才能真正实现自身幸福。若只强调个人幸福而忽视社会幸福，就会把自我封闭于一隅之地，个人幸福就成为天方夜谭。另一方面，社会在追求整体幸福时，要以个人幸福为出发点和归宿，把提高每个社会成员的幸福感，追求个体幸福的最大化作为社会的责任和使命，要达到个人幸福与社会幸福的和谐统一。总之，幸福是个人幸福与社会幸福的结合体，两者缺一不可。

（二）幸福人生三要素

幸福人生是个体在健康基础上，在科学人生信仰指引下，为实现人的价值或潜能而努力奋斗的过程。据此，幸福人生由健康、人生信仰和实现价值三个基本要素构成，三者缺一不可。缺少任何一个要素，都不是完整的、真正的幸福人生。

1. 以健康为根基

健康不仅是没有疾病，而且包括躯体健康、心理健康、社会适应良好和道德健康。健康具有丰富的内涵，它是生理健康、心理健康、社会适应良好和道德健康的多元统一。健康是一个人最大的财富，失去健康就失去了一切。

身心健康是幸福人生不可或缺的构成性因素，是幸福人生的基础。一个人若被生理病痛折磨或被心理疾病困扰，他就很难体会到人生的幸福与快乐，他是不幸的和痛苦的。相反，一个身心健康的人，因拥有对幸福的体验能力和创造能力，往往会获得更多幸福。有关幸福感的实证研究表明，身心健康对主观幸福感有显著的正向预测作用。一般来说，身心健康的人，其主观幸福感要高于身心不健康的人。

一个人的心理健康状况与人的主观幸福感关系尤为密切。衡量心理健康的标准主要有：①身体、智力、情绪十分调和；②适应环境，人际关系中彼此能谦让；③有幸福感；④在工作和职业中，能充分发展自己的能力，过有效率的生活。在此，幸福感是衡量一个人心理健康的标志之一。反过来也可以说，心理健康的人同时也是幸福的人。心理健康对人的幸福影响主要有：健康人格能使人潜能充分发挥，自我价值得以确证，满意感增强，这是幸福感的重要来源和保障。积极稳定的情绪使人心情愉快，对生活充满热情、希望，能感受、体验到美好而幸福的生活。良好的人际关系能使人获得情感支持和心灵抚慰，体验到自身价值，从而获得精神上的满足与愉悦。而乐观的态度和坚强的意志，则能使人勇敢地面对人生苦难，做生活的强者，在追求理想信念过程中体味更深刻、更持久的幸福。

既然健康是构成幸福人生的基本元素，那么，生活德育就要关注学生的身心发展、社会适应和道德发展，尤其要关注学生的心理健康，充实、丰盈学生心灵，完善学生人格，促进学生心理发展，增强学生心理素质，做一个心理健康的人。总之，健康是走向幸福人生的开端。

2. 以科学人生信仰为指引

人生信仰是指个体对自己生存的意义和价值、生活的前途和命运，以及人生的状态和归宿等命题的最高信念及坚持，是价值观在人生问题上的集中体现。人生信仰是人的精神世界的最高统帅和核心，满足着人的精神需求，滋养着人的心灵，决定着人的精神生活，更影响着人的幸福。一般认为，人生因信仰而幸福。没有信仰的人生是不幸的。人生信仰对幸福的价值如下：

首先，人生信仰是幸福之根。没有信仰，生命之光就会熄灭。而失去生命的坚实依托，幸福也就无从谈起。就此而言，幸福根植于有信仰的生命。

其次，人生信仰是幸福之源。一个有信仰的人，能找到生命的终极目标，发现人生的价值与意义，并竭尽全力去追随目标、实现价值。而幸福就在个体为实现目标、价值的不懈努力奋斗中。换言之，无信仰，人生就像一场苦旅，毫无幸福可言。

再次，人生信仰是幸福之家。人是一种有精神生活和精神追求的精神存在物。精神家园是人之为人的根本规定。人生信仰为人提供了灵魂栖身的意义世界，构筑了幸福常驻的精神家园。人对精神生活的本能追求，不断追求理想的境界，在理性的升华中，完成对意义世界的积极建构，既是人的本质的表现，也是人类追求和实现幸福的表现。

最后，人生信仰是真幸福。它通过不断丰富人的精神世界，提高人的审美情趣以及对自我价值的肯定，引导人超越一切世俗、功利的束缚和物欲摆布，把人从物质的异化状态中解救出来，从物质欲望满足引向精神需求满足，从短暂、肤浅的幸福走向持久、深刻的幸福，把人从物质幸福提升至精神幸福，实现幸福的升华与超越，在心灵自由和精神富足中走向真幸福。

需要注意的是，人有了信仰，并不意味着人生就会一帆风顺，生活就会充满欢乐。现实中，幸与不幸总是相伴而生。信仰使人在苦难和不幸中仍对人生充满希望和热情，它是帮助人走出不幸的精神力量，并最终与幸福相遇。

既然人生信仰是幸福之根，是幸福之源，是幸福之家，是真幸福，那么，生活德育就要想方设法帮助学生找到科学的、积极的人生信仰，在有信仰的人生中实现幸福的人生。

3. 以价值确证为实现

幸福是人对自身需要满足后的一种积极心理体验。需要层次理论，按从低到高排列，分别为生理需要、安全需要、归属与爱的需要、尊重需要和自我实现需要。自我实现需要是人的最高精神需求。自我实现是指人的理想、抱负和聪明才智得以完全展现，个体潜能充分发挥，是人对自我价值的肯定和认同，表征了生命存在的最高、最完美和最和谐状态。此时，人会感受到一种发自心灵深处的欣快、满足、超然的情绪体验。这种高峰体验可使人性解放、心灵自由，照亮人的一生。

人的不同层次需要的满足所带来的幸福感是不同的。生理层面上的幸福就是个体本能欲望的满足而产生的快感；心理层面的幸福是一种近似快乐的精神状态；伦理意义上的幸福是在欲望满足中包含着对人的价值的肯定和人对自我的价值的肯定，正是这一点使人的幸福感与动物的快感有着本质的区别。从人的最高需要审视幸福，人的真正幸福源于人对自我实现、自我价值的认同，是对自身本质力量的积极体验和肯定。同样，亚里士多德的幸福观——幸福是人的德性的完满实现，表明幸福是个体不断自我完善和自我实现的活动过程。人从自我实现中获得的幸福是最持久、最深刻的幸福。

劳动创造是人实现价值的源泉。社会实践是自我完善的根本途径。也就是说，个人要顺应时代发展潮流，自觉把自己融入社会与人民之中，把工作、学习和生活作为自我实现方式，并朝着有利于社会发展方向努力，在奉献社会、服务他人中实现人生价值，从而获得真正的幸福。

为此，生活德育就要为学生提供参加社会实践与劳动创造的一切机会和条件，关注学生价值潜能的发挥，帮助他们自我完善、自我实现，在价值确证中到达幸福的彼岸。

（三）幸福人生的实现路径

幸福是个人与外部环境交互作用的产物，因此，幸福人生的实现要从个人主观努力与外部环境塑造两方面入手。其中，个人主观努力最为根本和关键，是决定性因素。

1. 在个体修为中实现幸福人生

第一，修身养性，身心和谐。幸福是个体人生观、价值观和道德观的反映，加强人生修养是达成幸福人生的必由之路。人生修养主要是完善身心，达到身心和谐。修身意指使身体健康，体魄强壮。人首先是作为一个实体生命而存在，健康的实体生命是人创造一切价值的源泉。幸福人生要建立在健康生命实体之上。否则，幸福人生只能是海市蜃楼。养性意指使心智本性不受损害。人不仅以实体生命存在，还以社会生命、精神生命特殊形式存在。社会生命和精神生命追问的是生命的价值和意义。养性是对人的社会生命和精神生命的观照，通过充实学问以启迪智慧，通过完善人格以提升人生境界，使心智潜能得以最大开发，生命变得丰满充盈，心灵获得解放自由，从而在身心和谐中实现幸福人生。

第二，幸福专修，获取智慧。幸福不是与生俱来，而是后天学习与实践的结果。因此，要成就幸福人生，就需个体进行专门的幸福修炼。由于幸福不仅是一种观念、一种感觉，更是一种能力、一种品质，从认知层面来说，人要懂得什么是幸福以及如何实现幸福等内容，掌握幸福密码，牢固树立幸福观念。就情感层面而论，人要在生活中体会美好、愉悦的感觉，也可以体验痛苦、不幸的感觉。往往那种历经痛苦、不幸而获得的幸福会更加深刻。就能力层面而言，人要培育发现幸福、体验幸福和创造幸福的能力。就品质层面来说，人要把外在的幸福观念内化为个体的幸福信念，把幸福与人融为一体，从而生成个人品质。为达到上述目标，需要个体接受专门的幸福教育。幸福教育是一项专门面向幸福、在幸福中进行和为了促进人的幸福而进行的教育实践活动。幸福修炼离不开幸福教育。

第三，幸福修炼的更高要求是把"生活即幸福"的理念落实到个人行动中。"生活即幸福"指的是生活与幸福的同构一体关系。幸福必须是生活的，生活必须是幸福的。生活和幸福原本就是一个东西。一切的追求，至少一切健全的追求都是对于幸福的追求。它主要包含以下两层意思：一是生活为了幸福，要求生活围绕幸福来安排。生活的目的在于引导人走向幸福，除了幸福，生活没有别的目的。幸福之于生活不是外在的附加物，而是其固有的内在规定。二是在幸福中生活，要求生活过程是幸福的。在这里，幸福是生活的手段。通过手段幸福达到目的幸福，在幸福中实现幸福。

总之，"生活即幸福"要求人们在生活中坚持幸福立场，从幸福出发，在幸福中生活，追求幸福的生活。只有三者协调一致，才能更多地与幸福相遇，让幸福成为人生常态。

2. 在努力奋斗中实现幸福人生

人们奋斗所取得的一切，都同他们的利益相关。可见，奋斗是人们获取利益，从而也是获得幸福的根本途径与保障。从某种意义上说，没有奋斗，也就没有人们利益和幸福的实现。中国特色社会主义已经进入了新时代。而"新时代是奋斗者的时代"，新时代开启了新征程，我们要努力为实现第二个百年奋斗目标和中华民族伟大复兴中国梦而不懈奋斗，并在为国家、民族和人民的奋斗中实现个体幸福人生。

3. 在幸福社会中实现幸福人生

除依靠个体自身努力外，实现幸福人生还要重视外部环境建设。基于个人幸福与社会幸福的辩证关系，构建幸福社会是实现个人幸福的另一必由之路。

构建幸福社会可从以下三方面努力：第一，社会目标从生产导向向幸福导向转变，即从国内生产总值（GDP）转向国民幸福总值（GNH）。目标转向随之带来的是社会转型，即从生产社会转向幸福社会。第二，把幸福理念渗透到社会各个角落。社会是一个有机体，要把幸福渗透到有机体的各个细胞，让它们都充满幸福。如构建幸福组织、幸福家庭、幸福学校等，把它们作为实现个体幸福人生的手段。第三，把幸福理念贯穿于社会发展全过程。人的幸福是社会发展的最终目标，属结果幸福。而结果是与整个过程联系在一起的，不能与之相割裂。缺少过程幸福的结果幸福是不完满的。这就意味着，社会发展应从人的幸福出发，并把幸福贯穿于整个过程，从过程幸福走向结果幸福。

从我国来看，建构幸福社会正成为人们积极行动的实践目标。中国共产党把实现人民的幸福诉求放在首位，分别从终极目标、主体和途径三方面回答了如何建构幸福社会的新设想，即以人的全面发展为终极目标，以以人为本为主体，以统筹兼顾为途径，为建构幸福中国、实现人民幸福而奋斗。

从国家层面上构造由政治自由、经济机会、社会机会、安全保障、文化价值观、环境保护六类构成要素组成的国民幸福核算指标体系。这是从宏观层面构建的国民幸福指标体系，具有多维度、全局性和战略性等特点。此后，一些省市完成了文明指数或和谐指数评价体系的设计，并积极打造幸福城市。中国梦的实质就是人民的幸福梦。在中国梦的指引下，中国共产党正带领全国各族人民以永不懈怠的奋斗姿态努力构建幸福社会，使人民过上幸福生活，实现幸福人生。

第三节 教与学的基本实践方法

一、对话教学法

对话作为时代精神已渗透到教育领域，并引发了德育方法的革新，是对传统灌输法的超越。

（一）对话基本内涵

"对话"是哲学的重要概念，具有多重内涵。存在论视域下的对话，是指人超越"它"之世界（对象世界），与"你"之世界（生活世界）的"我—你"精神上的相遇，是交往展开和自我认识的途径。认识论视域下的对话，是指在人与人之间，或人与各种文本之间，人从各自理解出发，以交往互动、建构知识、生成意义为实践旨趣，与他人达成视界的融合。社会哲学视域下的对话，则是指在人际交互世界中，人们通过反思、沟通和理解，达成社会共通感，生成主体间性，最终促进社会的团结和整合。基于以上观点，对话的基本内涵可概括如下：对话是主体间在民主平等基础上，以语言或非语言为中介进行的思想、情感等精神层面的双向交流，并通过体验、沟通、理解达成视界融合，从中建构新的知识和意义，最终促进双方共同成长。

主体间性是对话的前提。对话是在平等主体间进行的人际交互实践活动。这意味着，对话双方都以完整人格和独立主体的人的身份呈现，彼此是"我"与"你"的相遇关系，而非"我—它"的对象性关系。因为"我—它"的对象性关系处于物之世界，是主体与客体的二元对立关系，他们是加工与被加工、改造与被改造、占有与被占有的不平等关系。而"我"与"你"的相遇关系处于生活世界，是主体间性关系，"我"与"你"都是平等的主体，无论在人格、地位还是话语上都享有平等权，彼此互相尊重，向对方敞开，进行精神沟通。可见，对话只能发生在"我—你"主体间。离开这个根本前提，进行对话就是一种虚妄。

视界融合是对话的过程。视界是指从个体已有背景出发看问题的一个视域。

个体知识经验、受教育水平以及成长经历等的不同，造成了对问题理解、看法和价值观的差异性。在人与人、人与文本的对话中，每一个体从自身理解出发，彼此向对方真诚袒露，毫无保留地呈现自身观点，在经过相互的检视、反思和批判后，不仅扩大了"我—你"的原初视界，达成了彼此视界的融合，而且实现了"我—你"的现实视界与文本的历史视界的融合。从这个视角而言，对话就是双方视界从差异走向重叠、交融的过程，它不是简单的包容接纳，更不是妥协、屈从，而是双方视界的趋同，从而形成新的视界，达成新的共识。

意义生成是对话的指归。对话不是一方对另一方进行简单的知识灌输、传递，而是双方在彼此接纳的基础上对自身加以审视，并对认知结构进行积极主动、建设性的改造，以重构认知图景，生成新的意义。就此而言，对话以生成新的意义为实践指归。这意味着，意义是不能事先预设的、是未确定的，它只能在人与人、人与文本的对话中创造出来，是生成性的。对话性沟通超越了单纯意义的传递，具有重新建构意义的功能。来自他人的信息为自己所吸收，自己的既有知识被他人的视点唤起了，这样就产生了新的思想。在同他人的对话中，正是出现了同自己完全不同的见解，才促成新的意义的创生。

对话不是独白。对话是两个以上主体间通过语言或非语言中介，在言说者和倾听者之间真诚沟通、相互尊重、包容接纳，达到视界交融、创生意义的目的。而独白是单个主体的自言自语。但对话离不开独白，因为独白是对话发生的背景、基础，为启动对话提供条件。离开独白，对话既无可能也无必要。对话需要双方的独白，并在彼此之间形成必要的张力，任何一方丧失独白权利，都不能形成真正的对话。可见，对话与独白并不是非此即彼的截然对立关系。相反，独白是对话的内生结构。当然，对话需要平等式独白，而非独断式独白，因为独断式独白实为一种权力主义，蕴含专制、权威，与民主、平等相悖。

对话也不是问答。问答是两个以上主体间的一问一答。由于问答比较复杂，判断问答是否为对话，要视不同情况而定。当问答仅仅作为一种纯粹灌输确定知识、传递特定意义的手段时，这种机械问答徒有对话之形，而无对话之实，是一种虚假对话。只有当问答建立在平等民主基础上，通过自由探究、启发思维、深入灵魂、交换意见、彼此接纳、达成共识，最终孕育出新的"思想果实"，促进双方"自我实现"，这种问答才是真正对话。可见，并不是所有的问答都是对话。对话也离不开问答，因为问答是对话的重要形式，但对话不是简单、机械的你问我答，而是基于双方相互碰撞、视界融合之上的相互承认。

（二）对话法的可能性

首先，重构师生关系。在传统德育中，教师作为社会道德权威，并凭借"闻道在先"，取得话语霸权，成为教学中心。学生则作为待灌注的"道德之洞"而存在，他不再作为一个完整而独立的人。师生主客体界限分明，不可逾越。而对话则重塑师生角色，重构师生关系。一方面，教师的道德权威在消退，中心在消解。教师是"平等中的首席"，是学生道德建构的引导者和精神的"助产士"。另一方面，学生享有人格、地位和话语平等，与教师共同探究学习，平等交换意见，彼此信任接纳，达成理解共识，生成新的意义，走向共同进步。总之，师生是平等主体间的"共生、共识、共享、共进"关系。

其次，重返生活世界。生活世界是人生活于其中并通过交往而生成的意义世界。它是德育的源头活水和生存之域。但自近代以来，在科技理性主宰下，德育疏离了生活世界而悬置于科学世界，以致遗忘了"成人"之目的，造成人之精神危机和生命意义的失落。然而，在对话中，师生作为独立的生命个体进行平等交往，从各自道德生活经验出发，面向生活中的道德现象，展开自由探究，并做出道德判断与选择，在彼此尊重、相互接纳的基础上，不断拓展、生成新的道德视界，通过理解沟通，最终走向与他人、社会道德视野的融合，实现人之精神丰满和生命充盈，造就新的自我。对话法实现了德育与生活的血脉相连，使德育重返生活世界，诗意盎然，焕发生命活力。

最后，回归德育本质。德育作为一项育德、育心和育人的特殊教育活动，更需要建立在师生、生生主体间的交往对话基础上，以最终实现人的发展。在对话中，师生共同在场，敞开精神世界，进行思想、情感和心灵的沟通，通过理解接纳，促进道德人格的发展、道德境界的提升、人性的丰满，以及德性的生成，实现以人为本的价值追求。

（三）对话法的实现

对话法是一种优质的教学法，对德育价值尤甚。那么，如何实现对话法？从作为对话引导者的教师来说，应努力做好以下工作：

第一，建立平等主体。对话是在平等主体间进行的交往互动。为此，教师应确立学生的主体地位，把他作为一个独立而完整的人来对待，并给他以平等权，如地位平等、人格平等和话语平等。教师要让学生充分意识到师生双方都是课堂主人，要积极主动参与课堂对话，确保师生共同在场，缺少任何一方都是不现实的。建立平等主体，意味着要在师生间消除灌输式德育中存在的那些如思想强迫、人格歧视和话语霸权等各种不平等关系，建立起真诚合作、深入理解和共同分享的民主关系，彼此尊重差异，保持个性独立。同时，要异中求同，走向共识，实现融合。只有建立在平等主体基础上，双方才有可能展开对话。否则，就又回到"教师独白、学生静听"的老路。

第二，发展对话能力。对话的发生需要交往双方具备一定的能力。对话能力是一种融语言表达、问答、交往、聆听、沟通和理解等为一体的综合能力。就教师而言，应以平等开放的态度与学生对话，放下话语霸权，善于向学生发问，乐于解答学生疑问，勇于接受学生质问，激活课堂气氛，开展自由讨论，用心聆听学生心声。教师还要发展自己的"同理心"，移情式理解学生所思所想，尊重、包容和接纳学生。就学生而论，应积极主动地与人交往，在与文本、教师的对话中，敢于言说，提出自己的真实见解，勇于设问、反问，共同探讨，追求真知。尊重他者，倾听对方，体悟他人，理解对方，创造新的意义。需要注意，师生对话能力的发展要在不断对话中才能练就。

第三，营造适宜氛围。研究发现，适宜的环境氛围可激发人的对话欲望，使人要求对话、愿意对话，并提高对话有效性。一般来说，适宜的环境氛围由以下三个基本要素组成：①真诚。真诚就是坦诚相待，表里如一，不掩饰、不虚伪。它要求师生发出真实声音，把各自的真情实感、真实想法表达出来，以实现情感共鸣，心灵共振和灵魂相依。②自由。自由意味着师生间的相互开放，尊重差异，保持个性，无拘无束，畅所欲言，在各种思想交锋、观点碰撞中，造就新的自我，真正实现教学相长。③信任。信任是指对他人能力、价值和潜能的相信，意味着对对方的欣赏、肯定、包容和接纳。信任能带来安全感，缩小双方心理距离，推动对话深入。

第四，投入积极情感。对话是主体间的情感接纳、心灵交汇和灵魂呼应。情感贯穿对话过程的始终，在其中处于重要地位。情感是架起师生心灵沟通的桥梁，是增强师生交往的黏合剂，是建立融洽人际关系的法宝。情感还能激活人的思维，让各种观点充分涌动，催生出新的思想，是精神的"助产士"。若剥离情感，师生交往就无从进行，对话就会萎缩、停滞，人格发展和德性生成就无从实现。从这个角度而言，引起人格发展、转变的不是其他而正是情感的力量。基于情感在对话中的特殊作用，需要师生双方投入积极情感，如关怀、爱、欣赏、肯定、认同、理解、尊重、宽容等，并将它们渗透至对话全程和所有方面。

值得一提的是，对话法的运用和实现，离不开教师和学生、学生和学生等交往主体之间的共同努力与付出。离开任何一方，都不可能实现真正意义上的对话。

二、情境体验与实践活动学习法

生活德育非常重视学生的道德情境体验和道德实践活动。这不仅是因为一个完整的德育过程，应该是体验者的认知活动、体验活动与践行活动的结合，而且还因为生活本身就是体验的和实践的。因此，情境体验法和实践活动法应成为道德学习的基本方法。

情境体验法和实践活动法各有侧重，前者重在培养道德情感，后者重在提高道德实践能力。为发挥最大效用，两种方法应优势互补，综合运用。当然，提倡情境体验法和实践活动法并不是从基本立场上否定道德认知的重要性。恰恰相反，道德体验和道德实践要以一定的道德认知为前提。

（一）情境体验法

1. 情境体验法解析

根据道德情境真实与否，可分为虚拟道德情境和真实道德情境两大类。虚拟道德情境是对现实道德情境的加工与模拟，是为达到道德教育目的而人为精心创设、虚构的特定情境，它适用于德育课堂。而真实道德情境则指个体所遭遇的真实道德生活，它广泛存在于日常生活。这两类道德情境在个体德性发展上各有侧重、各有价值。在德育过程中，应根据不同需要、不同场合等具体情况，选择最适宜的道德情境。当然，为达到最佳德育效果，在实践过程中，应充分发挥各自优势，综合运用两类道德情境，切不可厚此薄彼，单打一。

虚拟道德情境通过对生活场景的重现，使个体身临其境，重在帮助个体发展道德认知，丰富道德情感。它不受空间限制，方式灵活多样，可控性较强，便于操作。但由于个体处于旁观者位置，不涉及个体切身利益，难以真正引发个体的道德冲突，并导致真实的道德行为。相反，在真实情境中，由于个体亲身经历真实的道德事件、道德生活，处于当事人位置，且关涉自身利益，因而，它能引发个体对道德问题的深入思考，产生丰富而深刻的真情实感，并在参与道德生活中提高道德践行能力，对个体德性发展影响最大。

2. 情境体验法的多重价值

第一，注重情感体验，提高德育实效。道德学习有别于科学知识学习的关键之处在于，道德学习要有情感支撑。因为道德具有情感性，人的德性生成要有情感的介入、认同和接纳。离开情感，就不可能实现道德的内化与外化。人对道德价值的学习以情感体验型为重要的学习方式。长期以来，德育过程道德情感的匮乏、缺失，使之变成了聆听说教、无动于衷的纯理智过程，以致德育效果不佳。而情境体验法则充分肯定了情感在道德学习中的独特地位与价值，它既是从道德认知到道德行为的"转换器"，也是引发道德行为的"发动机"与"调控器"。情境体验法通过以境生情的"情感场"作用，激活个体道德情感，使道德学习成为个体自觉自愿的积极行动，开创了德育情理交融、寓教于乐的新局面，有力地促进了德育实效的提高。

第二，关注生活，使德育重返生活世界。无论是虚拟的道德情境还是真实的道德情境，它们都必须根植、奠基于生活世界，才能使德育拥有生命活力。对虚拟的道德情境来说，它必须以发生于生活世界中的道德事件、道德生活为原型，并与个体日常生活发生关联。只有从抽象的道德规范走向活生生的道德生活，才能引发个体对道德问题的兴趣、关注、思考和讨论，使个体真正"在场"，参与整个德育过程，并把习得的道德行为迁移至真实情境。相反，若德育完全建立在虚构、远离生活的道德情境中，只能使个体习得一些道德观念，停留于表层的"知道"，深入不到"体道"，更不能实现最高的"行道"。就真实的道德情境而言，生活世界就是德育的场域。它充分利用生活的德育资源，并在真切的道德生活中进行，通过一个个的道德事件，不断推动个体道德生长。

第三，突出学生，高扬人的主体力量。情境体验关涉三个重要问题，即：谁在体验？体验什么？为了什么？一般认为，情境体验的主体是学生而非教师。为此，教师在创设情境时，要从学生需要、兴趣和能力出发，贴近学生生活实际，充分发挥学生的主体能动作用，通过自编、自导、自演的角色扮演或对生活场景的逼真模拟，使他们身临其境，获得直观体验和感受。学生在情境中的体验，实质是对生活的体验。虽然虚拟的道德情境是人为加工、合理筛选的产物，但归根结底来源于生活，是人对自身生活的反映。情境体验可以深化学生道德认识，丰富道德情感，理解道德规范，收获生活经验，养成独立的道德人格，为建构道德生活奠定坚实的基础。总之，情境中的学生，自始至终都是自身道德和道德生活的建构者。情境体验彰显了人的力量，是人对自身的深切关怀。

3. 情境体验法的实现步骤

一般来说，无论哪种情境体验，大致有以下三个实现步骤：

首先，创设合理情境。情境创设既是前提、起点，也是整个过程的关键，它直接关系到德育效果的好坏。一般认为，判断德育情境是否合理有以下两个标准：一是能否引发个体道德冲突与思考，二是能否激发、丰富个体道德情感。为达到上述目标，对虚拟情境来说，要具有生活性、典型性、可接受性、时效性、研究性和原汁原味性等特征。生活性要求情境来源于生活，并为了引导生活的构建。典型性要求情境反映学生品德发展的关键问题。可接受性要求情境符合大多数学生的基本水平，被他们认可和接受。时效性要求情境讲究时间点，尽可能鲜活、新颖。研究性要求情境有分析研究、存在多种意见的可能。原汁原味性要求情境尽可能保持原貌，不做过多的加工和裁剪。就真实情境而论，则要做出合理筛选，使之有利于学生的德性生成。

其次，孕育道德情感。道德情感是情境体验法的突破点。一般认为，情（道德情感）由境（道德情境）生，情在境中，情境水乳交融为一体关系。在情境体验中，教师要给学生设置有利于道德情感发展的"情感场"。情感场是学生道德情感发展所需要的和谐、融洽，充满关爱的，能引起学生情感共鸣和移情的，对学生道德情感有陶冶作用的心灵氛围、情境和环境。同时，在师生、生生间建立起平等主体间的对话关系，相互尊重、理解、关爱和信任，对各种道德冲突问题展开积极思考、热烈讨论、畅所欲言、交换意见、开拓思维、唤起热情，使每个人身处情感场中。在情感场的熏陶、感染和渗透下，学生的道德情感被孕育，情感体验也更为真切、深刻，这更有利于学生的品德发展。

最后，形成道德信念。情境体验并不是为情境而情境，也不是为体验而体验，而是在道德情感的体验、丰富和升华中形成坚定的道德信念，这是其孜孜以求的最终目标和落脚点。道德信念是指个体对某种道德理想和道德价值的坚信不疑，并身体力行的心理态度和精神状态，是由深刻的道德认知、炽热的道德情感和顽强的道德意志构成的复合体。道德情感既是形成道德信念的重要基础，也是构成道德信念的基本要素之一。若缺乏个体的道德情感体验，就不可能产生道德信念，更不可能发生道德。因此，可以说，道德信念是在道德情境的体验中发生、发展的。情境体验法的以上三个实现步骤，具有前后序列关系，且三者环环相扣、不断递进，推动着个体德性的生成。

（二）实践活动法

1. 实践活动法释义

实践活动法是指把实践活动作为生活德育的载体，通过实践活动帮助学生巩固道德认知，丰富道德情感，坚定道德信念和提高道德践行能力，旨在不断提高学生的道德发展水平以及改善其道德生活。实践活动是主体对客体的对象化活动，包括内隐的思维活动和外显的感性活动。基于此理解，德育实践活动可分为两大类：一类是德育课堂内活动，主要是对道德问题的探索、思考、讨论和发现，重在发展学生的道德思维和道德理性；另一类是德育课外活动，如党团组织活动、社团兴趣活动、社会调查活动、志愿服务活动、公益活动和社区活动等，主要是参与、体验与感悟，重在发展学生的道德践履能力，建构美而善的道德生活。

这里的实践活动，须具备以下特点：一是赋予德育功能。纯粹的实践活动并不具有德育价值。而对作为德育手段、载体的实践活动而言，育德、育人是其灵魂所在。离开它，实践活动就会出现徒有形式而没内容的"空心化"。为此，要根据德育规律合理设计实践活动。二是贴近学生实际生活。兴趣和需要是个体行为的内在动机。实践活动要从学生兴趣、需要和生活实际出发，同时，兼顾学生道德发展水平和接受能力。只有这样，才能激发学生参与活动的热情和积极性，在寓教于乐中取得好效果。三是活动的自主性。这是指学生自觉自愿、积极主动地参与实践活动，而不是被强迫、受控制。学生是活动的策划者、组织者、参与者和评价者，而不是被动接受者。离开自主性，德育实践活动就会成为程式化、机械化和形式化的僵化活动。

实践活动法作为生活德育的重要方法，其内在依据来自生活、道德的实践本质以及道德教育的实践性特征。就生活而言，生活是人在活动中实践的。无论是人对物的对象化实践生活，还是人对人的交往社会生活，都是实践的。道德也是实践的。就道德教育而论，实践性是其本质特征。因为道德教育的目的是养成道德行为、发展道德人格和建构道德生活。而要实现上述目标，唯有通过实践活动这一根本方法和手段。

2. 实践活动法的可能性

首先，实践活动是品德形成、发展的源泉和动力。修身伦理一类的学问，最应注意的，在乎实行；但是现今学校中所通行的修身伦理，很少实行的机会；即或有之，亦不过练习仪式而已。因此，学校要给学生种种机会，通过活动育德，把道德与行为合二为一。现代德育研究表明：活动是学生德性发展的内在与外在机制。

就此而言，活动是道德孕育之母。离开实践活动的母体，就不可能实现从知德向行德的转变，也就不会有真正意义上的道德学习。这就是说，人的德性只有在"做""行动"和"实践"中才能生成。实践活动有力地推动着学生道德心理结构的发展，从知、情、信、意、行不断运行和转化，从知不知、信不信递进到行不行，为道德的真正获得提供基础。

其次，实践活动把道德学习与生活世界融为一体。学生道德智慧不仅来自学习前人的间接经验，而且来自自身获得的直接经验。实践活动就是学生获得直接经验的源泉。学生通过亲身参与、探究和体验道德活动，改组原有的知识经验，生成新的知识经验，促进精神生命的成长。这种通过亲身实践活动而进行的道德学习对人的影响最为深刻、持久。

这是因为，实践活动把学生的道德学习与其生活的意义世界相连。实践活动源于生活世界，重视直接经验，贴近学生实际和社会生活，从而使道德学习栖居于一个真实、生动、丰富、直观的生活世界里，获得永久生命力。

最后，实践活动真正把学生确立为德育的主体。实践活动是学生主体意识的高扬，是学生作为完整个体的人的本质力量的充分凸显。在德育课堂活动中，学生在教师的引导下，自主地研究、分析、讨论、思考和比较，从中做出自己的价值判断和价值选择，学生从被动接受者变为课堂的真正主人。德育课堂活动重构了师生平等主体间的交往对话关系。

在课外实践活动中，学生是活动的策划者、参与者、体验者和践行者。他们走出校园，走向社会实践基地，在广阔的社会大课堂中细致观察、亲身体验、深刻感悟、自主选择、自由探索和坚定实践。他们在参与社会生活、与人协作中，深化了道德认知，丰富了道德情感，强化了道德信念，提高了道德实践能力，发展了独立道德人格。所有这些无不表征着学生主体地位的确立。

3. 实践活动法的实现

为实现实践活动法在德育中的独特价值，须达到以下条件：

第一，以活动为理念，创新德育课堂教学模式，实现从"静听课堂"向"活动课堂"的转变。教师要善于从生活中引进鲜活事例，并为事例设置合理的道德议题，组织学生展开对话、交流、探究、讨论、辩论或角色扮演等多样活动，激发学生道德学习的积极性和主动性，实现学生向德育主体的回归。建立活动课堂的目的，是让学生在交往、对话、合作、参与、体验和感悟中，提高道德思维水平，发展道德判断和道德选择能力。

第二，高校要为实践活动创造各种适宜的环境和条件，如提供必要的制度保障，给予一定的经费支持以及培育专门的实践活动基地等。教师要充分相信学生的巨大潜力和创造力，放手发动所有学生，给他们自由探索的机会，让他们自主策划、自由设计、自行组织、自觉参与各项活动。教师还要实现角色转变，从活动策划者、控制者转变为指导者和顾问者。唯有此，学生才能从实践活动中取得预期效果，不断提高道德素养，自觉践行道德。

第三，高校在开展实践活动时，应遵循一定原则。众所周知，并不是所有的实践活动都具有德育功能。为实现活动的德育意义，须遵循以下必要原则：①主体性原则。它要求把学生视为活动决策、选择和践行的主体，而非被动操作者。②体验性原则。它强调直接经验的重要性，要求突破书本局限，体验生活。③生成性原则。实践活动须视学生兴趣、需要、能力和资源等因素而定，不能预先设定，且新的目标、意义随着探究活动的深入而不断生成。④整体性原则。作为德育载体的实践活动，教师要从整体上设计架构，形成层次分明的系列活动，而不是分散零碎，任性而为。

总之，由实践主体、实践内容和实践方法建构的有中国特色高校生活德育"三位一体"实践模式可为推进高校德育发展提供一定的现实指导与参考。对高校而言，当前要把该生活德育实践模式转化为实实在在的行动，贯穿教育教学全过程，做到落实、落细和落地。唯有如此，高校才能切实提高德育实效，才能最终完成"立德树人"根本任务，也才能为我国社会主义现代化建设事业培养德智体美劳全面发展的建设者和接班人。

第六章 新媒体视域下大学生德育教育的实践

第一节　新媒体视域下大学生德育模式的创新

一、建立新媒体德育与现实德育相结合的有效模式

在新媒体视域下创新大学生德育，应以现实德育为基础，以新媒体德育为拓展，实现两者在教育目的上的统一、教育内容上的融合、教育手段上的互补。

首先，在新媒体飞速发展的时代背景下，强调德育以现实教育为基础，使新媒体德育成为现实德育的有益补充。在加强新媒体德育的同时，现实德育只能加强，决不能削弱。由于新媒体对高校和社会的影响和渗透，其潜在的建设和破坏能量伴随着不断创新的技术逐渐释放和显现，与大学生的价值观形成越来越显著的互动和冲突。因此，在加强新媒体德育的同时，现实德育只能加强，并且要注重新媒体德育与现实德育的统一、融合与互补。新媒体极大影响了大学生的学习和生活方式，但是新媒体取代不了学校、家庭、社会的教育功能，特别是大学德育的教育方式离不开言传身教、耳濡目染、激励、群体活动等，新媒体德育可以成为现实德育的有效补充。德育工作者在鼓励大学生通过新媒体获取信息的同时，要引导大学生立足现实世界，正确理解新媒体世界，使新媒体空间丰富的信息成为培养大学生全面素质和良好道德品质的有效补充。就思想理论课的教学而言，要努力实现高校思想理论课教学的现代化、多媒体化。同时，高校德育应从"灌输信息"为主转变为"引导选择"和"灌输信息"并重，把新媒体法制教育和新媒体德育、媒介素养教育作为德育的新内容，引导学生分析信息的价值，有效地利用信息，在道德判断的基础上进行道德选择，提高道德素质。

其次，实现新媒体德育与现实德育教育目标的统一、教育内容的融合、教育方法的互补。其一，在教育目标上，新媒体德育与现实德育是一致的。其最终目标都是培养社会主义合格建设者和接班人，其基本目标都是将社会主义核心价值观内化为学生的道德观念，外化为自觉自愿的道德行为。但二者的侧重点、教育方法和手段有所不同。现实德育侧重

于培养学生的理想人格，新媒体德育不仅仅要求学生接受道德规范，形成新媒体空间的理想人格，而且注重为受教育者提供帮助和指导，培养学生的道德主体性。新媒体德育目标内容建设应包括运用新媒体技术实现现实德育目标，适应和驾驭新媒体社会的价值目标的构建。这一目标的建设重点之一是把媒介素养教育融进德育系统之中，其中媒介道德、媒介法规意识和媒介能力教育是媒介素养教育的重点。其二，在教育内容上，新媒体德育与现实德育应实现融合。现实德育与新媒体德育都应以社会主义核心价值体系教育为主导和主要内容，同时应加强伦理意识和道德责任感教育、网络道德规范教育、网络法治教育、网络安全教育、网络生态文明教育、媒介素养教育。新媒体视域下高校德育的着力点应定位于通过加强教育提高大学生新媒体道德意识，使大学生认识新媒体道德及其特点，自觉遵守新媒体道德；教会学生选择，提高大学生的道德判断力；倡导"慎独"，增强道德自律能力；培养网德，形成大学生良好的网上行为习惯；培育大学生健全的网络人格，提高大学生的媒介素养。根据教育内容的不同，确定在新媒体德育和现实德育中不同的教育方式，对于适宜讨论、互动的话题，可以放在新媒体德育中进行，发挥新媒体及时、互动的优势。其三，在教育方法上，新媒体德育和现实德育可以互补。现实德育多运用传统的教育方法，如灌输法、情理交融法、说服教育法、互动讨论法等，实践证明这些都是非常有效的方法。新媒体德育方法是教育者根据国家的德育目标，结合新媒体传播特点和规律，有目的、有计划地对受教育者施加思想道德方面影响的过程，是实现新媒体德育目的的必要条件，是传统德育方法的一种全新拓展和延伸。而一些基本的方法，如理论教育法、自我教育法、社会实践法等，是现实德育与新媒体德育共用的方法。而且许多教育方法在新媒体视域下得到了创新，如传统的说服教育法向新媒体的情景陶冶法递进。新媒体德育除了具备传统德育方法的特点之外，还具备新媒体自身的特点，注重针对性，突出隐蔽性。而理论教育法、情理渗透法、典型教育法、隐性教育法、自我教育法在新媒体的环境下都得到了很好的继承和发展。总之，根据不同的教育内容选择相应的教育手段和方法，通过现实德育方法与新媒体德育方法的有机结合，可以更好地提高德育效果。

再次，实现新媒体德育对现实德育资源的整合。虽然新媒体德育具有一些新特点，但它所遇到的问题往往是德育学的老问题，有很多在现实中早已存在，只是网络的虚拟性和非实体性加大了其后果的影响力。新媒体德育可以借助传统德育的理论和原则，对我国来说，在坚持社会主义核心价值观的前提下，中国传统道德规范、西方道德的有益因素等应当成为新媒体道德整合的资源。中国传统道德文化的主流思想——儒家伦理是中华民族的精神传统最深层的东西，新媒体不能脱离本民族深厚的文化背景，应以科学务实的态度对传统伦理道德思想进行价值选择，根据时代的发展，按照"取其精华，去其糟粕"的原则，将其中积极的成分进行新的转化，使之适合新媒体视域下的社会发展现实，并对社会发展起到一定的推动作用。

最后，重新审视虚拟与现实的关系，建立虚拟世界的实践干预策略。在德育环境的建设中，要把虚拟社区的管理与现实社区的管理结合起来，把新媒体内部德育资源的开发与新媒体外部社会实践的支持系统建设结合起来，使社会实践活动成为新媒体德育的重要途径。参与新媒体之外的社会实践活动，可以培养学生接触社会、了解社会的兴趣，可以使学生获得最直接的社会实践经验，有助于学生形成正确的道德判断力，并且通过新媒体体验与现实生活的对照，可以使学生更清醒、更理智地看待虚拟世界里的活动。

二、建立新媒体视域下各方面相结合的立体德育模式

创新德育模式使学校、社会、家庭参与大学生德育中，发挥教育的合力作用，已经是学者和教育工作者普遍认可的问题，而在新媒体视域下如何发挥教育的合力作用，却是一个摆在学者和德育工作者面前的难题。新媒体传播创造了虚拟与现实共存的德育环境，拓展了德育的主体、客体、介体，为发挥教育的合力作用创造了条件。因此，应根据新媒体的特点，建立新媒体视域下学校、社会、家庭、学生相结合的立体教育模式，充分发挥德育的合力作用，提升德育的效果。

新媒体环境带给德育的挑战之一就是教育影响的多极化和由此产生的教育环境的泛化。新媒体的自由与开放性打破了以往家庭、学校、社会教育之间的界限，使各种教育形式在功能、性质和影响效果与影响机制上变得更加模糊。新媒体视域下，迫切需要整合社会各方面的教育力量，构建一个立体化协同作用的教育体系，形成新媒体视域下的德育合力。

第一，充分发挥学校德育的主渠道作用，主动适应新媒体环境的挑战。其一，新媒体视域下大学生德育的重新定位。我国德育实效较低，主要原因有以下三方面：重教轻育，重认知轻践行；德育目标的顺序倒错，造成道德主体对高层次的道德未必接受，低层次的社会公德和文明行为也没有养成；重视集体活动，轻视个人修养，个体缺乏内在的道德自律和自觉，其根本原因在于忽略了学生的道德主体性。而在新媒体空间中，学生基本上处于道德任意状态，他们的自主判断、选择、自主行为表现充分，更显示出其道德主体地位。学校德育应顺应新媒体的传播特点，遵循尊重、信任的原则探索德育的新方法，以社会主义核心价值体系为指导，注重培养学生正确的价值观、道德判断力以及道德自制力，培养具有自主、理性、自律的道德判断和道德实践的个体，促进学生形成完善的、健康强大的人格。其二，学校德育内容的优化。新媒体既是德育的手段，又是德育的内容。学校德育应从德育目标出发继续优化德育内容。在原有内容的基础上突出价值观教育，使学生树立社会主义核心价值观，使学生能够"辨别真伪、追求真理、慎于判断"。增强道德意

志力的锻炼和道德选择教育，使学生的道德认知与道德实践相统一。增强关于新媒体的信息素养教育，尤其是新媒体德育，让学生掌握新媒体道德行为规范，强化其新媒体道德意识和责任感。其三，运用新媒体优化教育方式。学校德育工作者可以运用博客、微博、论坛、在线交流、QQ聊天等方式与学生交流，可以通过建立德育网站、德育博客等方式对学生进行潜移默化的教育。其四，运用新媒体开发新的学校德育资源和渠道。新媒体拓宽了学校德育的渠道，提供了丰富的德育信息资源。运用新媒体进行德育，可以达到德育内容表现形式的优化和德育时空的拓展，可以充分运用多媒体、超媒体技术，使德育内容动态化、形象化；通过新媒体的信息传递方式，可以将德育延伸至学生的日常生活，突破时间的限制；运用新媒体，可以把学校的德育空间与新媒体博客空间、虚拟社区等开放式的德育空间整合，使德育冲破空间的限制，还可以实现学校、社会、家庭、学生之间的良性互动。

第二，充分发挥新媒体视域下社会德育的作用。新媒体环境的特殊性增加了新形势下社会德育实践探索的难度，新形势下的社会德育必须在实践层面进行革命性转变，以应对新媒体的挑战。其一，完善新媒体的立法机制，强化政府的管理职能。在新媒体的社会管理中，立法机制和政府部门管理是其中最重要的方面。在新媒体环境的建设中，除了加快新媒体立法进程，完善各种政府管理职能外，还必须结合新媒体环境变化的新特点，着重解决法律具体执行过程中的可操作性和政府监督管理的针对性，突出体制与具体化方面的创新。其二，建立新媒体德育的社会支持与辅助系统。新媒体视域下的德育除了正规的社会教育机构参与之外，还必须有社区和公共服务机构的协作与支持。作为一个社会分支单位，社区特指一定地域范围内的具有归属感的人群及社会性活动和现象的总称。随着城市化进程的加快，社区的影响在逐步加大，社区正成为大学生接触社会、参加社会实践的重要途径，大学校园也逐步成为相对独立的社区。大学生参加社区的义务服务和公益劳动，有助于大学生养成服务社会、关爱他人的优秀品质，抵消因虚拟交往而带来的道德人格和社会情感方面的消极影响。社会支持和辅助系统的另一方面就是面向社会的信息咨询机构和心理危机的求助体系。社区应加大对学生因迷恋网络等新媒体而带来的心理问题的救助力度。其三，注重社会人文精神的重建，加大人文教育的力度。新媒体视域下，社会道德规范体系的脆弱表现反映出的是一定程度上文化的缺失。长期以来，工具主义和科学至上主义的大行其道，严重削弱了人文科学在构建整个社会价值体系中的作用。人文精神和人文科学的缺失必然导致社会道德价值取向的失落和人生境界的低俗与信仰的功利。因此，新媒体视域下的德育观念必须重新唤起社会范围内对人文科学的关注，加大人文科学在德育内容中的比例，提高大学生的人文科学水平。

第三，加强新媒体资源建设，为形成学校、社会、家庭、学生四位一体的立体德育体系搭建平台。虽然建立学校、家庭、社会德育相结合的大德育体系概念早已为人熟知，但实践中学校仍然是德育的主要承担者，而新媒体为构建学校、社会、家庭、学生共同参与的立体德育体系创造了条件，学校应顺应形势，运用新媒体的特点，主动建设新媒体德育平台，构建学校、社会、家庭、学生四位一体的立体德育体系。

第二节　新媒体视域下大学生德育内容的创新

新媒体对大学生德育变革提出了新要求，应根据新媒体带来的新变化，在坚持社会主义核心价值观的基础上，实现德育内容的现代化。应将社会主义核心价值观内化为学生自身追求的价值观和内在的行为准则，并根据新媒体对中国公民社会和公民伦理道德的推进，注重大学生的公民德育，针对新媒体视域下的多元价值观对学生的道德选择能力提出更高要求的实际情况，应注重培养和提高大学生的道德选择能力。

一、实现新媒体视域下大学生德性与德行的统一

加强德育，应提升新媒体视域下大学生的德性，增加大学生道德实践的机会，并注重大学生的道德自律，促进形成新媒体视域下大学生德性与德行的统一。

首先，加强德育，提升新媒体视域下大学生的德性。德育是道德活动的一种重要形式，一种道德能够在何种范围和程度上为人们所接受，很大程度上取决于它的传播程度，取决于德育实施的好坏。应根据新媒体环境的变化，加强和改进大学生德育的内容和方式、方法、手段。根据新媒体的特点，在坚持社会主义核心价值体系的主导下，对学生进行社会主义公民德育、媒介素养教育、新媒体德育，提升学生在新媒体视域下的道德意识和水平。运用立体、多面的德育方法，确立现实德育与虚拟社区的德育相结合的指导理念，使现实德育与新媒体虚拟社区的德育在内容、方法、手段上互补与融合。创新德育的方法和手段，将教育内容数字化、形象化地展现在新媒体空间里，吸引学生参与并在参与中受教育。

其次，增加新媒体视域下大学生道德实践的机会，为德性与德行的转化与促进创造条件。德育具有强烈的实践性，其中包括德育必须适应当时社会实践的客观状况和客观要求，必须引导受教育者实际地践行道德义务。只有让受教育者多参加实践，在实践中接受锻炼和考验，才能促进其德性与德行的统一，整体提升道德水平。在新媒体视域下，必须增加大学生在新媒体空间以及现实中道德实践的机会，使其受锻炼、提素质。通过建立德育网站、德育博客，开通德育微博、BBS等方式，引导学生通过参与论坛辩论、博客留

言、微博交流等方式，参与热点问题、新媒体运用道德等问题的讨论，引导学生在新媒体环境中，在两难的或多难的情景中进行道德选择和道德判断，促进形成正确的世界观、人生观、价值观。鼓励和支持学生参加现实中的实践锻炼，如以奉献为主题的社区服务、"三下乡"社会实践、义务进行新媒体知识普及等活动，引导学生在实践中加深道德认知，培养学生在实践中的道德判断和道德选择能力，提升德性修养，促进德性与德行的统一。

最后，注重新媒体视域下大学生的道德自律。自律是道德发展的最高境界。新媒体使用者的道德自律包括个体自律和业界自律，主要指新媒体使用者自愿认同新媒体规范，以自觉的道德意识对新媒体运用行为进行自我约束和自我完善。加强大学生道德自律是新媒体环境中德性建构和促进德性与德行统一的有效途径，在道德自律、技术支持、法律规制三位一体的网络立体管制体系中，技术与法律只是手段，大学生的道德自律才是根本，其主要内容包括树立主体意识和规范意识，做到自我约束和自我完善。

二、塑造新媒体视域下大学生现代公民人格

公民社会是指一种与私人、独立经济以及民主等概念相联系的，不同于国家的社会形态的，一种文明化的、世俗化的社会存在形式，这个社会由具有自由人格的公民构成并具有自治能力。公民德育是指一定国家和社会为了培养具有基本公民道德素质的，国家、社会所需的良好公民，从公民与国家、公民与法律等角度入手，对公民进行系统的、多元的和制度化的德育活动，将一定社会的基本道德原则和规范内化为公民基本道德素质。

（一）新媒体视域下大学生公民德育的意义

新媒体视域下大学生公民德育是中国公民社会发展的需要。全球化、市场经济、以新媒体传播为主导的信息化为中国公民社会的发展创造了条件，推进了中国公民社会的发展进程，也为加强大学生的公民教育、公民德育提出了新的要求。我国传统道德文化是建立在农业社会族缘、地缘基础上的，以人伦秩序为代表的"熟人伦理"，存在着"私德主导、公德不彰"、上下等级差序较明显等问题，与公民社会所需要和提倡的民主、平等、自由等道德文化存在着较大的差异。随着全球化的推进，市场经济和民主政治的逐步发展完善，公民社会的兴起已经成为一种不可逆转的趋势，而新媒体的飞速发展又成为我国公民社会发展的强大助推力。构建现代公民社会，关键是要培养具有现代意识的公民。我们必须着力培养国民的现代公民意识，我国家庭公民教育的淡化，使得大学生公民教育的重要性更加显著。家庭教育是公民教育的第一步。目前，在家庭生活中，家长对孩子的教育还停留在传统的德育范畴内，在对孩子的主体意识、国家意识、权利意识、义务意识、法律意识、环保意识等方面的教育上还存在许多盲点。因此要着力培养大学生的公民意识，

加强大学生的公民教育，尤其是公民德育。新媒体的发展促进了民众的参与意识，使民主、平等的现代伦理道德观念更进一步深入人民众和大学生的心里，为培养大学生的公民意识和公民道德创造了条件。因此，新媒体视域下大学生公民德育是适应中国公民社会发展的需要的。

新媒体视域下大学生公民德育是构建社会主义和谐社会的需要。在新媒体视域下构建和谐社会更应该加强公民德育。现代社会的构建是基于国民的普遍福利之上的，在本质上是与熟人文化相悖的。公民社会是根植于现代政治理念上的，内在地追求公民个体的平等，以对公民权利的维护和对公民义务的明确规定为特征。现代公民教育的使命是吸引个体构建良好的个体道德，给予个体以平等的视角和民主的行为方式。和谐社会的构建是当前我国的建设目标和努力方向，和谐社会中的道德主要表现为公民道德，必须从培养公民道德入手实现和谐社会。新媒体视域下大学生公民德育对构建社会主义和谐社会的作用与意义主要体现在公民人格的养成、社会私德与公德的和谐接轨、公民道德法治国家构建的基础、社会公共精神的养成等方面。

新媒体视域下大学生公民德育是大学生自身健康成长的需要。加强大学生公民教育能促进大学生自身健康发展。大学生思想道德的主流是积极向上的，但是部分大学生对公民概念理解模糊，重权利轻义务，法治意识不强。尤其在新媒体环境中，学生的公民责任意识不强，有的大学生甚至见利忘义。公民教育要让"中华人民共和国公民"的概念根植于大学生的心中，培养学生的平等意识和公共精神等公民伦理观念。新媒体视域下大学生公民德育是改进大学生公民道德现状的需要，目前，大学生存在着道德理论认同与具体实践、日常行为脱节的问题，大部分大学生在思想上能认同公民德育的内容，但不能认清自己肩负的道德责任，在进行道德行为选择时会产生偏差。尤其在新媒体虚拟空间里，在无人监督的状态下，大学生的公民道德自律、自觉状况还不令人满意。

（二）新媒体视域下大学生公民德育的内容与取向

公民所需要的是某种丰富的品质，包括自律、义务、礼貌、宽容、公平和慷慨等德性。新媒体视域下公民德育应根据新媒体的特点、公民社会的需求确定教育内容和取向。

1. 新媒体视域下大学生公民德育的内容

公民道德建设应坚持以为人民服务为核心，以集体主义为原则，以爱祖国、爱人民、爱劳动、爱科学、爱社会主义为基本要求，以社会公德、职业道德、家庭美德为着力点，使"爱国守法、明礼诚信、团结友善、勤俭自强、敬业奉献"二十字的基本道德规范深入人心，使建设有中国特色的社会主义思想观念和道德要求成为广大青年的行为规范。新媒体视域下，大学生开展公民德育应包括如下四方面内容：公德教育，通过社会公德教育，使大学生形成符合社会需要的道德品质；公民文化教育，通过公民文化教育，使大学生明确公民的权利和义务，培养参与社会公共事务的意识和行为习惯；新媒体伦理德育，让学生了解使用新媒体时应遵守的道德规范，本着无伤害、互惠共赢、坚持正义、爱国守法等原则，文明使用新媒体，自觉维护新媒体空间的文明秩序；规则教育，通过道德的规则教育，使学生对规则、规范形成正确认识。

2. 新媒体视域下大学生公民德育的取向

公民德育不属于私人道德的范畴，而是公民在参与国家活动、公共生活时表现出来的公共性要求。新媒体视域下大学生公民德育的基本取向包括以下三方面：

（1）以公民拥有独立的人格为前提。

公民社会要求造就适应现代市场经济和民主政治的新型社会成员，由于我国的国民受封建臣民观念的影响较大，因而提高全民文化和观念、改造我国的国民性成了一项极其艰巨的工程。公民德育的基本取向就是培养社会成员的公民意识和公民能力。新媒体的开放、自由、互动、无中心的传播特点，使全民参与社会公共事务，为加强大学生公民教育、培养公民独立人格创造了条件。

（2）以权利和义务统一为基本的教育取向。

中国传统社会是差序格局的社会，人们作为社会成员主体存在的意识较弱，依赖性较强，主动性较差。公民社会将人们在社会生活中的一切差异都消除在法律这一平等的理论起点上，人们可以在法律许可的空间里获得行为自由。而新媒体传播更使得人们的交往范围扩大到全世界，并从现实领域走向了虚拟领域，人们在法律许可范围内的虚拟与现实领域获得了广泛的自由，也对人们的权利和义务的统一提出了较高的要求。公民德育必须以追求公民权利和义务高度统一的自由境界为教育取向，公民权利和义务的统一是公民社会的本质要求，这一要求面向全体公民，体现在道德、政治、法律各个层面。因为权利和义务构成了社会的规范体系，也是保障社会成员获得公正地位的前提。在新媒体这一强调高度自治的虚拟领域，必须对大学生加强权利和义务对等的教育。

（3）以合法性为底线。

公民社会是以一种普遍的契约关系和契约精神建立起来并保证其良性运转的，契约关系的最高表现就是国家法律，公民社会中国家的权力、人们间的权利和义务关系都在法律规范中得到体现，公民社会建立的基础、自由市场和民主政体存在的前提是法律化的契约关系。新媒体空间中会聚了来自世界各地、不同民族、不同文化的人，只有在坚持遵守法律的前提下，才能保证大家公平、自由地参与交流，并能够互相尊重、包容不同的文化和传统，否则将无法保证新媒体空间的秩序。

三、以提高新媒体道德与现实道德的转化能力为德育的着力点

道德是调整人和人之间以及人和社会之间关系的一种特殊的行为规范的总和。新媒体道德就是在新媒体环境或新媒体条件下调整人和人之间、人和社会之间关系的一种行为规范，是对新媒体时代人们通过新媒体而发生的社会行为进行规范的伦理准则。

（一）新媒体道德的特点分析

新媒体道德的特点表现为：其一，新媒体道德的发展从"依赖性"走向"自律性"。与传统社会人们的道德意识与道德行为相比较，新媒体道德更少依赖性、更多自主性，为人们道德主体意识的觉醒、道德主体地位的确立创立了条件。在新媒体社会里，人与人的交往具有匿名性，使现实社会道德主要依赖周围外在力量约束推动的实现机制在新媒体社会失灵。新媒体社会需要的是自主、自律型的道德，是一种他律与自律结合、更多依靠自律的道德。其二，新媒体道德的发展从"一元"走向"多元"。现实社会的道德是一元的，与现实社会相比较，新媒体世界里各主体自由交流、平等对话，不同地区、不同种族的人们自由交往，彼此不同的道德意识、道德观念碰撞和融合，由于没有实质性的利益冲突而共存，新媒体道德是多元性与开放性的统一。其三，新媒体道德的发展从"滞后性"走向"超前性"。"超前性"是指道德作为人类的一种价值目标，往往蕴含着比现实更高的理想成分。"滞后性"是指道德作为一种能够在人类意识中长期积淀的传统，往往表现出自己的保守性或惰性。新媒体道德中"超前性"和"滞后性"并存交叉，人们在新媒体空间中表现出的道德观念总体上趋向于更宽容与平等，反映了人类道德文明发展的趋势，表现出"超前性"。同时，新媒体的高度自由和开放，使得新媒体空间的信息和道德表现良莠不齐，而新媒体管理法规与规范亟须进一步完善，新媒体对人们行为的自律性要求比现实道德的要求更为苛刻和严格，新媒体道德表现出与技术相比的滞后性。

（二）新媒体道德与现实社会既有道德的关系分析

道德被认为是在人类社会交往活动中形成的调整人与人之间社会关系及行为的规范和准则。由于人类社会交往空间的不同，新媒体道德往往被从两个角度进行阐释。一种观点认为，新媒体道德是现实社会道德在新媒体社会中的延伸和应用，是人们在新媒体空间活动中应遵循的行为规范和道德准则。另一种观点则认为，新媒体道德与现实社会道德存在明显区别，新媒体道德其实并不像传统的道德那样，是靠舆论来约束、规范个人行为的，它是以新媒体使用者自身的素质为特征的道德自律。这就将不同社会空间中的道德依赖的

基础做了区分：现实社会道德依赖他律，新媒体道德依赖自律。以上两种观点都有可取之处。新媒体道德是现实社会道德在新媒体社会中的延伸和应用，是人们在新媒体空间活动中应遵循的行为规范和道德准则。由于新媒体道德所处环境的特殊性，社会舆论对新媒体空间的道德基本起不到监督作用，因而维系新媒体空间道德主要靠法律、新媒体管理规范、新媒体使用者的自律。因此，新媒体道德依赖他律和自律的结合。

新媒体道德与现实道德是紧密联系又是有所区别的。新媒体使用者是新媒体道德的实践主体，但人的思想、行为不可能脱离现实生活而完全虚拟化。因此，新媒体道德要反映现实既有道德的需求，保持一定的延续性，同时，新媒体道德要反映新媒体这个特殊领域的特殊需求，具有自身的一些特点。

新媒体道德以现实道德为基础。新媒体建构的虚拟世界是在真实世界的基础上建立起来的，是真实世界电子意义上的延续。新媒体道德的设计以现实道德作为客观参照系，使新媒体道德与现实道德达到根本点上的一致，使新媒体道德既适应虚拟世界的特殊性，又不与现实道德发生根本的对立，并尽量发挥新媒体道德对现实道德的促进作用。

新媒体道德对现实道德的推进。现实道德是人们在长期的社会实践中形成的，而新媒体社会是现实社会的发展和延伸，人们的网上活动与现实社会的活动在本质上是一致的。这就决定了现实道德的一般原则同样适用于新媒体社会，新媒体社会为现实社会既有道德的实现提供了更为广阔的实践空间，新媒体社会的道德水平将影响到现实社会的稳定和文明水平。

新媒体道德对现实道德有反作用。新媒体道德与现实道德之间是互动的关系。由于新媒体的开放性、虚拟性，人在新媒体空间中的生活与现实社会不同，这就决定了新媒体道德具有不同于现实社会中既有道德的新特点，并动摇着现实社会既有道德的基础，对现实道德具有一定的反作用，表现在积极和消极两个方面。如果新媒体空间的秩序良好，人们习惯了比较讲道德和秩序的氛围，当其回到现实社会的时候，也会克服一切不良习惯，成为一个遵守道德规范的人。如果新媒体空间的秩序混乱，人们受到它的影响，在现实社会中也会延伸其不道德的行为。

（三）新媒体空间中大学生的道德特点分析

新媒体空间中的大学生道德表现出与现实道德不同的特点，具体表现为道德意识的多元性、道德行为的反传统性、道德关系的草根性、道德人格的双重性。

道德意识的多元性。新媒体传播是一种网状式无中心的分散结构，不同国家、不同民族、不同团体的各种道德都融汇在一起，它们会产生强烈的碰撞与冲突。新媒体空间中价值观的多元化使得大学生的道德意识呈现出多元性的特点。

道德行为的反传统性。新媒体空间交往的匿名性，使得大学生在新媒体交往中形成的虚拟关系比现实关系变得更加复杂和难以规范。传统现实社会的家庭关系、婚姻关系等在网上被颠覆和虚拟，造成一系列反现实、反传统的行为和倾向，如很多大学生认为在网恋中可以有多个恋爱对象，有时在贴吧或论坛里发表不负责任的言论，这些也会影响学生在现实社会的道德选择，给社会伦理道德带来新的困惑和挑战。

道德关系的草根性。人是社会关系的总和，现实社会里社会关系的建立往往需要比较长的时间，还会受到各种社会条件的制约和影响，且一旦建立具有相对的稳定性和延续性。而在新媒体空间，大学生很容易建立起各种"速成"的社会关系，但这种关系却很脆弱和松散，因为它抽空了社会关系所需要的社会内容，人们不必为虚拟空间的社会关系承担一些责任和义务，因而显得随意性较大。

道德人格的双重性。新媒体空间中多元道德、多元文化的存在，常使个体处于矛盾的道德选择中，给大学生道德人格的形成与发展造成挤压和扭曲。一些学生沉溺于网上交往，使得他们在网上交流很顺畅，但在现实生活中表现得性情孤僻，不会与人交往，这种道德人格使他们难以适应社会。

（四）大学生新媒体道德与现实道德的相互促进与转化的路径

新媒体环境使学生在新媒体空间的道德与其现实道德存在一定程度上的不一致性，发挥新媒体道德对现实道德的促进作用，实现大学生新媒体道德与现实道德的良性相互促进与转化，是提高学生整体道德水平的重要手段。

从教育入手，实现新媒体德育与现实德育的有效结合。德育是培育理想人格、造就人们内在道德品质的重要手段。新媒体道德的超前性与滞后性并存的特点，使得大学生在新媒体空间的道德表现有时优于其现实空间的表现，有时低于其现实空间的表现。因此，应从教育入手，实现新媒体德育与现实德育的有效结合，在教育内容、教育手段、教育活动设计等方面，实现交叉与融合，促使学生将在现实中形成的稳定的、优良的品质呈现在新媒体活动中，将学生在新媒体活动中汲取的民主、平等、参与的积极因素应用到现实活动中，从而实现新媒体道德与现实道德的相互促进。

加强新媒体管理法律和规范建设，规范学生在新媒体空间的道德行为。规范是引导人们形成优秀道德习惯的必要手段。应加强新媒体管理法律和规范建设，规范学生在新媒体空间的道德行为，从而促使大学生形成新媒体空间中的优秀的道德习惯和道德品质，并使之促进整体道德水平的提升。

注重学生自律，促进形成虚拟空间与现实空间道德品质的统一。"慎独"是道德的最高境界，由于新媒体的开放性、匿名性、虚拟性，传统道德的舆论监督等手段在新媒体空间的作用较弱，新媒体空间的道德很大程度上依赖个体的道德自律。新媒体既是大学生可以充分展现个性、抒发情怀的舞台，也为提升大学生的道德判断能力、选择能力，锻炼道德意志，提高道德自律能力提供了条件。因此，应注重加强学生的道德自律教育，通过在新媒体空间和现实生活中创设两难或多难的、无人监督的道德环境，让学生在无人监督的、充分自由的环境下进行道德选择，并注重加强学生在现实生活中的道德实践，促进形成虚拟空间与现实空间道德品质和道德行为的统一。

第三节 新媒体视域下大学生德育方法、形式的创新

一、运用新媒体创新德育方法

（一）运用网络媒体创新德育

互联网已成为最主要的新媒体。网络媒体包括网站，博客、播客、维客，网络电视，网络广播，网络报刊等。在重大事件的新闻传播中，网络媒体正在实现"草根"走向"主流"的角色转变。大学生在思想、道德、价值观方面受网络媒体的影响较大，运用网络媒体对大学生进行德育成为必然选择。

1. 加强社会网站建设，使之成为对大学生进行教育的重要阵地

社会网站具有专业技术力量强、信息量大、形式新颖等优势，对大学生具有较强的吸引力。社会网站包括新闻网站、网络论坛社区、社交网站等。

社交网站日益成为融合性社交平台和媒介平台，社交网站的发展不仅意味着可能改变人们的社交方式，而且还会对新闻信息的生产与传播方式产生影响。社交网站发展迅猛，也引发了许多问题，包括：挑战国家安全；威胁个人信息安全，制约社交网站的良性发展；非法信息传播和虚拟问题现实化，网络的虚拟性、匿名性、隐秘性为学生提供了道德自我弱化的场所，体现了对学生社会化的阻碍、潜在道德滑坡等社会隐忧。加强社会网站建设应从以下四方面做起：

一是强化社会网站的社会责任意识，弘扬社会主旋律和主流文化。由于除了国家和地方政府主办的官方网站外，大多数专业网站是自负盈亏的企业，它们把追求经济效益放在较为突出的地位，这就易导致网站内充斥不健康的内容。因此，必须强化和重申社会网站的社会责任意识，要求弘扬社会主旋律和主流文化。因为网站作为媒体具有传播文化和价

值观的作用，只有弘扬社会主旋律和主流文化，以社会主义核心价值体系为指导，才能使社会网站的内容更健康积极。

二是国家主流媒体与网络媒体适当合作，将国家大力提倡的内容以适当的方式在社会网站、论坛上展现。这里有两个层面的内容。一是官方网站应做好表率，发挥对其他社会网站的示范、带动作用。二是国家主流媒体与网络媒体适当合作。目前，我国媒体机构开始进驻社交网站。

三是加强对社会网站、论坛的舆论引导，培养思想先进、理论水平较高的意见领袖，发挥其在网络舆论中的引导作用。一方面，网络论坛高度的自主性给了网民广泛的话语权，在维护公民表达自由权利、完善舆论监督方面具有一定的积极作用；但另一方面，网络论坛匿名、随意、无序的过度表达又引发了许多问题，一些不负责任的发帖、跟帖等违法、违反道德的言论产生了不良的社会影响。所以，应加强对社会网站、论坛的舆论引导，通过培训网站管理人员，提升其政治理论和文化素质，培养政治素质过硬、理论水平高的舆论意见领袖，通过邀请专家到论坛做客等方式，对舆论加以正确的引导。

四是加强监管，通过完善法律、法规和监管技术手段，规范社会网站的行为。目前，我国除了将现有的法律适用于新媒体空间外，也出台了一批有关新媒体的法律法规，包括由全国人大常委会制定的法律或做出的决定、行政法规、司法解释、部门规章等。并形成了初步的法律体系。从目前来看，我国的网络立法与现在飞速发展的网络技术和实践还不能契合。网络空间和现实空间的利益冲突、网络技术进步等因素给网络主体的权利、义务带来重大影响。在我国，网络立法的当务之急不是大规模地制定新法，而是尽可能扩大现有法律法规的适用范围，对网络空间的特殊问题进行补充、修改，保持现有法律体系的稳定。从长远来看，制定一部专门的网络基本法非常必要。

2. 加强高校校园网络建设，发挥其德育功能

提高高校网络道德建设的水平和效果，坚持重在建设的原则，完善校园网络系统。校园网络建设应体现五个"统一"，即互联性与特色性的统一、知识性与思想性的统一、丰富性与主流性的统一、疏导性与互动性的统一、教育性与服务性的统一。

建设高校专题德育网站、德育论坛，搭建网络德育平台。可以将德育网站挂在学校学工部或团委的网站上，也可以单独设立专题网站。还可以根据工作需要设立专题网站，如科学发展观网站、创先争优网站。应在坚持社会主义核心价值体系为指导的前提下，将教育内容丰富化、形象化、数字化，增强网站的吸引力和凝聚力，发挥德育网站对学生的教育作用。可以设立校园论坛让学生针对社会问题自由发表言论，教师给予适当引导，效果较好；绝大多数学校设立了百度校园贴吧，成为大学生发表言论、教师了解学生思想的平

台；而人人网等校园社交网站，成为教师和学生都比较喜欢参与的交流平台，达到相互了解、互通信息、交流感情和心得的目的。

加强校园网络管理，尽量减少师生同消极信息的接触。健全校园网络管理制度建设，确保校园网络管理有章可循，明确责任，并实行经常性的检查监督和必要的奖惩措施，把好各种信息的进出和传播关，为健康信息创造更加便捷的通道，尽可能减少消极信息在校园网络上传播。

最后，建设德育博客、微博，发挥其教育作用。博客、微博作为新兴媒介在大学生中产生了广泛影响。博客、微博已经成为大学生发表言论、相互了解、交友的平台。

微博对传统传播理论的突破。一是传统"把关人"在博客、微博中的缺失。由于博客的匿名性、交互性、平等性，人们可以随心所欲在网上发布信息，人们既是信息的接收者又是信息的发布者，这使得过去大众传媒组织所特有的把关特权开始为广大的公众享有，在传统传播环境下由少数传播组织控制把关权的状况被庞大的博客"把关人"所颠覆。二是微博凸显了议程设置功能的非权利化。大众传媒的议程设置受到政治、经济和意识形态关系的影响，带上了权力色彩。议程设置功能在博客中存在的方式、所起的效用不同于传统媒体，最大限度地淡化了议程设置的权力色彩，凸显出非权力化的议程设置特点。由门户网站和传统媒介主导，博客网站在自身信息筛选的过程中靠近传统大众媒介的口味，呈现一种潜在的议程设置，符合上一级选择条件的博客能参与整个传播链条，不符合选择标准的博客个人站点将逐渐退出博客传播的过程。三是博客、微博挣脱"沉默的螺旋"的轨迹。博客的出现打破了传统媒体的垄断，公众掌握了更大的话语权，"沉默的螺旋"理论正在被打破。博客的匿名性降低了从众现象的发生，博客的个人性和平等性避免了行为的趋同化，博客的进步性体现了公开表达个人意见的愿望，在舆论的产生过程中，被传统媒体忽视的议题在博客里都可以得到有效传播。

（二）运用手机媒体创新德育

手机媒体的基本特征是数字化，最大的优势是携带和使用方便。手机媒体作为网络媒体的延伸，具有交互性强、信息获取快、传播快、更新快等特征。这些特征使得手机媒体渗透到生活的各个层面，深刻影响着人类的传播活动。

运用手机媒体对学生进行德育。手机媒体给大学生思想道德带来了较大影响。由于手机媒体本身以及手机文化的自身特点，其对大学生思想道德产生了较大影响。根据手机媒体的特点，创新德育的方式主要有以下几种：

第一，运用手机短信等平台，对学生进行互动、平等的参与式德育。传统德育效果低下的原因之一是教育以教师说教为主，教师对学生处于居高临下的姿态，学生参与程度较低。运用手机短信平台，教师与学生可以进行双向或多向的互动交流，而且可以根据学生的具体情况进行定向的交流，有利于学生在教育过程中的参与，利于形成平等的教育关系，可以提高教育的针对性和实际效果。

第二，开发德育手机报平台，对学生进行社会主义核心价值体系的教育。如何使社会主义核心价值体系的内容入耳、入脑、入心，是对学生进行教育的重点和难点。运用手机报的定向发送、无条件接收的特点，可以开发专题的德育手机报平台，也可以结合普通的手机报，在内容上增加德育方面的内容，同时，注意把社会主义核心价值体系的内容形象化、具体化、数字化，从而使社会主义核心价值体系的内容以润物细无声的方式进入学生的视野和大脑。

第三，运用手机短信群发等功能，对学生进行学业、就业指导等服务。手机短信的群发功能是对学生进行服务的很好的平台，运用手机短信群发功能，可以把学生选课情况、就业招聘单位、招聘会等信息以短信的形式通知给学生，使广大学生在第一时间获取信息并为下一步的学习和就业做好准备。

第四，通过红色短信大赛等形式，发挥学生自我教育的作用。学生是接受教育的主体，也是自我教育的主体，如何发挥学生在教育中的主体作用是教育取得成效的关键。在手机媒体运用普及的今天，收发短信成为大学生之间交流的重要方式。通过开展红色短信大赛等形式，引导学生开发内容健康积极的短信，远离垃圾和不健康的短信，增强学生对道德信息的选择和判断能力。

第五，加强手机媒体的管理，营造积极健康的手机文化。对于手机媒体，应从以下四方面加强管理：一是明确责任主体，理顺管理体制。手机媒体管理涉及不同行业和产业部门，要明确相关管理部门的职责，加强协调配合，建立和完善管理体制机制。二是健全法规制度，严格依法管理。要尽快对从事新闻信息服务的手机网站、手机报纸等的资质审批、内容监管做出具体规定，引导手机媒体健康有序发展。三是完善技术手段，强化技术管理。要不断完善技术手段，提高管理的技术含量。要建立对不良信息、不良 WAP 网站的监控系统，及时发现这些信息并予以处理。电信运营商要继续加大技术投入力度，建立相应的工作流程，积极配合相关管理部门的工作，加大对 SP 的管理。四是推动行业自律，强化自我约束。要制定自律规范，强化自我约束。电信运营商要主动承担相应的职责和任务，协助健全信息服务类业务的管理和控制机制，促进无线互联网行业的协调健康发展。五是规范免费 WAP 网站管理，实施登记备案制度。

（三）运用电视新媒体创新德育

电视新媒体包括数字电视、IPTV、移动电视与户外新媒体等。

运用户外、车载、电梯间的电视媒体等，传播优秀道德和价值观。根据户外、车载、电梯间的电视媒体强迫收视的特点，将社会主义核心价值观的内容数字化、形象化地展现在人们面前，使人们在潜移默化中受到教育和熏陶。同时，通过这些媒体对优秀道德的传播，营造良好的道德建设环境与氛围。

运用校园电视平台，对学生进行德育。校园电视是学生在学校中收看电视节目的主要工具，一般放置在宿舍和教室里。校园电视除了播放国家和省市电视台的节目外，还可以播放学校电视台自制的节目。学校可以结合学校和学生自身的特点，制作与学生生活紧密相关的、内容健康向上的电视节目，对学生起到引导和教育的作用；同时可以增加学生与校园电视互动的机会，通过学生参与节目制作，在节目播出过程中短信参与、有奖竞答等形式，把学生吸引到积极健康的优秀校园电视节目中来，让学生在参与中接受教育。

二、运用新媒体改进德育形式

（一）自主性德育

自主性德育是一种肯定德育主体具有相对独立地位和权利的德育，是一种充分肯定德育主体内在道德需要的德育，是一种内化了社会需要并对社会完全负责的德育，是一种充分地体现人的生存价值和生命意义的德育。

1. 新媒体视域下自主性德育的价值观。自主性德育是促使教育者和受教育者充分地发挥个体教、学自主性的德育。新媒体视域下，培养和生成受教育者自主性的道德意识、道德能力、道德习惯，是自主性德育追求的价值目标。自主性德育所依据和主张的以个人自主为主，是意在推动传统德育中的以他律为主的德育方式向以自律为主的德育方式方向转化。这种德育思想要求学校德育一方面要考虑社会的道德需要，另一方面则应该考虑受教育者及教育者个人的道德需要，并考虑德育的自愿性、自觉性、意义性等特点，着重通过促进道德主体的自我道德意识的增强和道德自觉性的增加来增强德育的效果。由于新媒体环境是一个以法律规范为主导、主要依靠个体道德自律来维持秩序的空间，这种德育方式有利于提高学生的道德水平。在德育的管理方面，应该结合新媒体的特点，运用新媒体为介体和手段，促进传统的封闭式、单一式、半强制式的德育管理体制向开放式、多样化、民主性的德育活动组织体制转化，使德育活动更符合德育规律，使德育活动成为教育者和受教育者都自觉、自愿、自主、自由、愉快参与的活动，使德育真正发挥提升人的精神和人格的作用。自主性德育的价值观念，应该能够积极有效地促使教育者和受教育者两方面都能充分地表现人的超越性、高尚性、自主性，真正地促进学校德育质量的提高。

2. 新媒体视域下自主性德育的目的观。自主性德育的目的无疑是培养具有自主性道德的人，而一个具有自主性道德的人，其人格结构则可能逻辑地表现为自主性道德意识、道德能力、道德习惯、道德精神等，其关键之处在于受教育者的自主性德性素质的培养方面。而最注重道德自主性的新媒体环境，为坚持和发展自主性德育的目的提供了条件。倡导和宣扬受教育者个体的自主性意识，倡导公民个体权利意识、责任意识、民主意识，是对我们以往的"自律"道德意识的发展，促使道德主体不仅要主动地约束自己，使自己的行为符合社会道德的要求，还明确地要求道德主体能够和坚持自己为自己做主，学会自己决定自己的事情。这要求德育不仅要向学生合理地传授道德知识和道德意识，而且要促进受教育者既将这些道德知识内化为自己的思想和信念，又将这些道德知识转化为受教育者的道德行为和道德习惯，可能时还应该化为他们的道德精神。自主性德育所追求的目的是培养受教育者的自主性德性素质，由于作为德育主体的受教育者要经历由道德意识向道德行为、道德习惯、道德精神的一系列转化，从而使德育主体的德性素质成长成为一个逻辑、生成、持续的发展过程，也使受教育者的德性素质养成将具备生成性、稳定性、开放性、正义性等特征，从而为自主性德育目的的内涵，赋予了时代和革命意义。

3. 新媒体视域下自主性德育的活动机制。自主性德育的活动机制，是指由决定自主性德育活动的各种条件、要素、力量所形成的决定自主性德育是这样活动而不是那样活动的控制系统，这个系统决定着自主性德育的方向、方式、趋势，是自主性德育活动内在的决定因素。首先，新媒体视域下的自主性德育活动机制具有自身的特点。成人是自主性德育活动机制的逻辑起点。一是由自然人向社会人再向道德自律的人的转化。新媒体环境对于促进学生向道德自律的人的转化具有更重要的作用，基于新媒体而开展的德育活动从其活动的起点处就坚持尊重教育者和受教育者的人格和权利，承认并坚持教育者和受教育者的自由和自主权利。二是由"单子式"的个人向世界历史性的个人方向发展。新媒体广泛互动交往的特点、新媒体文化中的社群文化对于促进学生由"单子式"的个人向世界历史性的个人方向发展很有益处。"单子式"个人主要是指每个个人都是以一种彼此分离、孤立、封闭的单子方式生存着，人与人之间缺乏一种开放性的精神交往和合作，人在本质上是一种"孤独的个人"。新媒体视域下通过社群交往、互动交流的自主性德育，以受教育者自由、自主为特征的德育模式，是以人作为一个权利和责任的统一体为前提的。在这种教育模式中，无论是教育者还是受教育者，每个人都是一个独立、自由的个体，都有与他人（任何人）平等的法定权利和自由，也有与他人（任何人）相同的责任和义务。新媒体视域下的自主性德育有助于学生确立主体意识和主体地位，并帮助学生摆脱"单子式"的状态。其次，新媒体视域下自主性德育活动机制的主要原则。新媒体视域下，自主性德育在其活动机制的建构中，将结合新媒体的特点，发挥其优势，努力坚持多样性、开放性、有效性的原则。多样性是指在学校德育的活动形式上，既要坚持传统德育活动中有效的课堂教学和课外活动的形式，又要努力开拓一些新的德育形式，诸如网上与网下结合的参与性教学、活动性教学等。自主性德育的开放性，表明其活动机制不会将自己局限于一时一地，而是将自己置于社会发展的大环境之中。在国际化、民族化的德育学习和借鉴以外，自主性德育的开放性还包括在具体的德育活动中，以灵活多样的形式完成德育的使命。自主性德育的有效性是指根据新媒体的特点，使教育活动的形式和内容符合学生的特点和成长、成才的需要，注重德育的有效性。

新媒体视域下自主性德育活动中的师生关系表现出三个特点：其一，新媒体视域下自主性德育活动中的师生关系是一种师生相互交往性的平等关系。新媒体视域下自主性德育，就是建立在自主性德育思想基础上的、能促进教育者和受教育者双方进行平等对话的交往性教育活动。在这种教育活动中，一方面，受教育者和教育者双方都是带着自己的需要来从事这项活动的，其中受教育者期望和需要在学习中受到教育者的指导，教育者则需要通过受教育者的学习和成长活动而完成自己的职责和实现自己的信念和理想，双方共同的需要使这种交往形式成立。另一方面，教育者和受教育者地位平等的交往性学习有利于受教育者道德素质的生成。其二，新媒体视域下自主性德育活动中的师生关系是一种帮助指导的关系。在这种相互的、合作的道德学习过程中，学习者应该是独立的、自由的。因为道德发展是个体选择的一部分，真正道德的生长发生在个体内部。自主性德育正是借鉴了"教育即生长"的原则，主张保证受教育者独立自由的学习权利，让学生拥有广泛的学习选择权，让学生做自己学习的主人，自主地选择学习的内容、形式和方法。其三，新媒体视域下自主性德育的师生关系是一种引导、启蒙、提高的关系。教育中的师生关系就由学生的自主学习、自主选择、自主评价、自主需要与教师的积极指导、热情帮助两方面合力形成。这种由师生双方面需要有机形成的师生关系，是一种在尊重学生自主权利和尊严前提下的指导、启蒙、促进关系。

（二）参与式德育

参与式德育的实质是生活德育、活动德育、体验性德育、社会化德育，是学生在真实的生活（包括学校、家庭、社会）中通过参与活动和亲身实践来体验的德育。与我们倡导创设德育情境不同，参与式德育更强调真实、自然、无痕的社会生活场景。

新媒体视域下参与性德育的实施可以分为以下三方面：

一是运用新媒体，构建学校、社会和家庭参与的大德育格局，形成德育合力。现代社会的教育已不是单纯的学校教育或家庭教育，参与式德育需要社会、学校、家长、学生的共同参与。因此，应顺应教育的综合化发展趋势，形成学校、社会和家庭齐抓共管、多管齐下的合力，促进学生的全面发展。新媒体的开放性为建立学校、家庭、社会之间的立体联系，构建大德育格局创造了条件。通过建立辅导员博客、德育网站、校长信箱、班级博客、校友之窗网站等平台，让家长了解学校的教育情况并可即时反馈意见，让学生了解学校和辅导员的情况并即时互动，让社会参与学校教育。通过网上联系与网下联系相结合，建立学校、学生和教师与家庭、社会之间"走出去"和"请进来"的互动。面向社会开展德育，学生价值观的变化和道德行为、观念就能在较大程度上与社会发展相契合。学生直面社会培养出的道德能力，使其进入社会后能从容面对和处理复杂的社会道德现象和道德交往实践。

二是运用新媒体增强学生的参与性，发挥学生在教育中的主体性作用。在学校德育中，教师应意识到不同学生的特殊性和差异性，以学生为本。学生是主体，是关键，是目的，充分发挥学生的自主性和能动性。新媒体是全面参与的、充分展现个性的媒体，学生可以自由在新媒体空间中浏览信息、发表言论、上传视频和图片，而博客、微博等相对固定的新媒体为培养自主的、理性的个体提供了平台。德育工作者可以通过议程设置功能对网站、论坛的内容、问题进行有效设置，引导学生参与讨论中，并通过讨论自主做出道德判断和道德选择。

三是运用新媒体让学生参与人际交往中的道德实践。新媒体的最显著特点是广泛的交互性，人们可以通过新媒体与世界各地的人们进行广泛交流，这样就拓展了学生的交往空间。同时，新媒体的去中心化和虚拟性，使得新媒体中没有领导与被领导，只有身份平等的新媒体用户，新媒体为大学生创设了广泛的、平等的交往空间。学生通过在新媒体中的交往，去深化或改变生活中已有的道德观念，因此学生在新媒体中的自我教育因素比较多。教育者可以通过与学生在线交流、加入社群，并通过较强的影响力获得社群的倡导者身份，从而对学生进行有效的教育。

（三）嵌入式德育

目前教育界的嵌入式教育一般指两种情况。一种是嵌入式技术教育，主要是将计算机技术、电子技术和其他学科与技术相结合进行综合教育的方式。在这一教育方式下，培养的是有深厚理论基础和实践经验的 IT 行业的高端人才。嵌入式德育是一个综合的、广义的概念，既包括在借鉴传统德育的基础上，教育者借助一定的终端，通过先进的技术嵌入用户计算机、移动通信工具，对学生进行德育，也包括通过网上与网下结合，教育者以协作者的身份参与学生德育活动中对学生进行德育。

新媒体视域下嵌入式德育的优势。一方面，嵌入式德育可迎合大学生的信息行为模式。因为，现在绝大多数的大学生都喜欢使用数字资源，可以说，网络等新媒体已经成为他们生活中非常重要的一部分。另一方面，嵌入式德育可不受时空限制地对学生进行教育。嵌入式德育的地点可以不受物理空间和时间的限制，它可以无处不在，只要有教师和学生，有新媒体用户终端，就可以进行。而且教育的形式比较自然，基本上是一种无痕的教育。

新媒体视域下嵌入式德育的实现模式包括如下几种：

首先，通过嵌入用户计算机网络空间来实现。德育嵌入计算机网络空间是指把德育信息内容经过数字化处理以后嵌入用户的计算机桌面、浏览器、常用学习软件、常去的网站、热门搜索引擎等用户虚拟环境中，还可以嵌入院系网站、学生活动主页、社交网站、BBS、即时通信工具等网络环境中，以营造德育信息在虚拟空间无处不在、用户可信手拈来的局面。

其次，通过嵌入学生手机等移动设备来实现。利用手机这个便捷的通信工具开展嵌入式德育，其前景将是非常乐观的。可以借助手机报的特定用户、强制播出的特点，将德育内容融入其中。借助手机短信互动交流、私密性、容易被接受的特点，将德育内容融入其中。还可以利用5G的可视化技术为教育者和学生提供一个实时的、虚拟的"面对面"的环境，让教师和学生间的沟通更具亲和力，从而提高教育效果。

最后，在新媒体空间中针对热点问题和情境进行嵌入式教育。通过在网络社区、BBS等设置热点问题讨论，并由理论知识功底深厚、经验丰富的教育者来主导和引导学生的讨论，教育者扮演与学生平等的角色，让学生在问题和情境中进行道德判断，做出道德选择，有利于提升学生的整体道德水平。

○第七章 "互联网+"时代高校德育工作的创新实践

第一节 "互联网+"时代高校德育实践的新境遇

"互联网+"在我国的诞生是出于产业结构的调整和传统业态的进化，而今，随着"互联网+"的概念不断被放大，不仅仅传统的行业和产业正在转型、升级、进化，人们的社会关系、价值观念、思维逻辑和行为方式也发生着巨大的改变，一个颠覆性的具有鲜明特征的"互联网+"时代已经到来。当"互联网+"与这个时代密切关联和匹配起来的时候，这个时代就会展现出不同以往的特征。

一、跨界思维创造无限开放的生态环境

互联网的特质就是：跨界融合，连接一切。"互联网+"的"+"其实代表的就是一种跨界的思维和开放的态度。"互联网+"时代对传统的产业和传统的思维都是一种挑战，这种挑战就好比第一次工业革命的蒸汽机和第二次工业革命的电力一样，它们的功效是服务于产业，而不是替代和摧毁产业，因此，"互联网+"的跨界思维与产业的融合会带来无限的发展空间，成为新业态产生的"普适智慧"。这种跨界思维，不仅仅局限于业界的融合和跨越，更多的还表现在行为方式上的跨越，所以"互联网+"给我们带来的不仅仅是新业态的产生，而更多的是在思维方式上的改变，这种改变足以产生新时代所必需的开放的生态环境。

（一）开放生态是"互联网+"时代的核心特征

"互联网+"时代是一个没有边界的世界，所有原本封闭的系统都将被打开，人们以开放的态度去思考和设计新的行为模式。所以，"互联网+"行动计划的核心是生态计划，重塑生态是改革不断深化的重要保障。在这个开放的生态中，社会生活的形式在变，人们生活的方式在变，社会组织的习惯也在变。所以，所有组织、机构、个体思考方式的改变

势在必行。"互联网+"行动计划的一个重要任务就是要把制约和限制创新的环节优化掉，开放的生态环境将市场的法则直接融入创新的过程中，清除阻碍创新的各种因素，使创新从一开始就沿着正确的、有价值的方向前进。

（二）跨界思维成为创新驱动的重要因素

"互联网+"时代个体面临的环境发生了很大的变化，新业态的形成与跨界的思维有极高的相关度，可以说没有任何个体甚至是组织能够固守在自己的领域。跨界不是目的，而是增加活力和再生能力的必然选择。跨界思维已经成为"互联网+"时代流行甚至是固定的行为方式，这种整合协同、提高效能、互融互通的思维方式成为激发社会能动性和创造性的重要驱动因素之一。这种跨界融合已经以一种势不可挡的浪潮席卷了所有的传统产业，各行各业都不得不审慎思考、积极谋划如何打破传统的壁垒，用跨界思维驱动创新，造就充满活力的新业态。

二、重塑结构成就稳固高效的社会关系

随着社会信息化和全球化发展的不断深入，当互联网开始走入我们的生活时，它就已经逐渐打破了原有的社会结构、关系结构、文化结构等。结构被重塑的同时带来很多要素，如权利、关系、连接、规则和对话方式的转变。"互联网+"时代不仅带来了开放的生态环境，重塑结构也给社会带来了深远的影响，颠覆了原有的社会关系和游戏规则。"互联网+"最终描述的还是一个智能社会，大家更加高效、节能、舒适地在这个社会里生存，"互联网+"给人类社会提供了一个非常大的福利。

（一）封闭和垄断的格局被彻底打破

共享精神是"互联网+"时代的另一个重要标志，封闭的、垄断的边界被强制打开，信息获得和资源分配的民主化进程，推动社会发展的不断加快、放大，产业更替越来越快，传统的行业、结构、管理、竞争优势逐渐消失。在"互联网+"时代，封闭和孤立的行为，只会陷入与世隔绝的鸿沟，传统的人力优势、结构优势、管理优势等都或许会成为发展的羁绊，转型和变革势在必行。

（二）契约精神与信任关系是核心竞争力

"互联网+"时代塑造了弱关系社会，促成了不同个体和群体之间产生联系的可能。"互联网+"行动计划的落脚点在于建立连接一切的生态系统，连接的对象包括行业、机构、技术、平台、个体等，连接一切也成为计划开始的起点。可想而知，如果没有契约或缺乏信

任，基本上相当于在社会"失联"了，这在一个开放的生态中是何其大的损失。处在"互联网+"时代的人、机构、平台，必须遵循新的议事规则和动态协议，要想保持可持续发展的势头，并处于不败之地，建立良好的契约精神和信任关系是重要的条件之一。

三、尊重人性激发潜力无限的个体价值

"互联网+"时代最本质的特征是尊重人性。"互联网+"行动计划成为国家发展战略，说明政府充分认识到互联网对于深化改革、加快经济发展、提高人们生活质量的不可替代作用，"互联网+"既体现了国家意志，也是人民意志的反映。"互联网+"时代每一名个体的能动性和创造力都被激活，每个个体的智慧、创意、资源、经验、关系都不会也不能被忽视，个体的劳动和价值受到空前的尊重和重视，个体的价值被充分激发和无限放大。

（一）"以人为本"的理念成为核心优势

"互联网+"时代所有的动作都应该以个体的需求为导向，"互联网+"连接一切的实现要依靠无数的个体协议去完成。这些连接协议的设定都由个体根据自己的喜好来定义，由此基于人性化和个性化的定制才能彰显"互联网+"的真正威力。在自己活动的目的和成果中，获得自己实体性的自由。"互联网+"时代任何组织、企业的行为和发展着眼点都必须放在每个个体上，尊重人性会不断提升行动的亲和力，"以人为本"的理念将成为一切竞争的核心优势。

（二）个体价值的放大催生群体智能

"群体智能"的概念来自对自然界中昆虫群体的观察，群居性生物通过协作表现出的宏观智能行为特征被称为群体智能。"互联网+"时代创建了"人人可成才、人人尽其才"的生动局面，"互联网+"时代赋予每个个体自我组织、自我管理的能力，提供了全新的人际关系和交互方式，彻底改变了以往个体由于自有资源、社会关系等方面的弱势限制而成功概率极低的局面。"互联网+"时代打破了创新创业对资金、社会关系的严重依赖局面，每个个体的创业成本和风险大大降低，大众成功变得有了机会，个体的价值无限放大，大众的交叉协作和智慧汇聚，催生了无限的群体智能。

第二节　"互联网+"时代对高校德育实践的影响

"互联网+"的理念已经逐步在我国的经济、社会、文化、生活等各个领域得到了认

可和重视，并不断通过深度的跨界融合，在各个行业创造出了新的业态。人们可以明显地感受到"互联网+"给社会生活的各个方面带来的深刻影响，并逐渐体会到"互联网+"能够给社会发展带来新的可能和变化。处于"互联网+"时代的高等教育不可避免地也会受到深刻的影响，不管是师生的行为特征和课堂的教学方式，还是教育资源的获取渠道以及管理服务的水平等都较以往发生了巨大的改变，可以说，"互联网+"的迅速发展给高校德育实践带来了前所未有的影响和挑战。当然，我们更应该看到的是"互联网+"时代新一代信息技术的优势给高校德育实践的创新发展带来的新机遇，准确把握"互联网+"时代高等教育面临的新环境和新变化，明晰高校德育工作面临的新挑战，理清高校德育实践创新发展的重难点，是切实优化高校德育实践工作的当务之急和首要任务。

一、"互联网+"时代高等教育面临的新环境

早在 20 世纪末，当互联网的概念和技术正式进入我国社会的时候，少有人能够预计到互联网将会给中国带来什么。而后来的实践证明，互联网让中国社会的发展和人们的生活发生了翻天覆地的变化。随着我国社会改革发展的不断深入，"互联网+"行动计划应运而生，它不仅从政府行为和企业行为上要求互联网必须与社会生活的方方面面（包括经济）进行深度的融合，迫使各行各业以"互联网+"的思维开始变革，而且更加深刻地改变着人们的学习、工作、生活、社交方式。当几乎所有的行业都被迫改变以往的面貌，形成新业态的时候，"互联网+教育"的命题也必然地摆在了政府、高校和学子面前，对高等教育而言，"互联网+"时代带来的新环境不容忽视，高等教育面临的外部环境对师生的行为方式、教育资源的优化配置、教学方式的创新、管理服务的水平提升等产生了极大的影响，只有洞悉"互联网+"时代给高等教育带来的新变化，才能使高等教育的发展处于更加主动和有利的位置。

（一）行为方式个性化

互联网在中国的普及率和增长率已经处于世界的领先水平，高校教师和学生群体相比其他群体而言，向来都具有更加强烈的求知欲，思维更加活跃，更加喜欢尝试和适应新的变化，相比而言他们的行为方式就更容易受到"互联网+"带来的影响。同时，随着"互联网+"逐渐与各行各业的深度融合，人们的衣、食、住、行、娱等各个方面都在发生变化，社会大环境的变化也迫使高校师生的行为方式发生着变化。"互联网+"时代尊重人性的本质特征决定了在这个时代每一个人的智慧和价值都会受到尊重，个人的能动性和创造力都彻底被激活，个人行为的独立性和独特性也得到放大。在这一影响下，高校师生的学习方式、生活方式、实践交流等行为方式也表现出前所未有的网络化、自主化和个性化。

（二）教育资源网络化

随着"互联网+"不断深入高校的每一个角落，不仅校园师生的生活方式、行为特征、人际关系等发生了明显的变化，以大数据、云计算、物联网和移动通信技术为代表的新一代信息技术的发展，也使高等教育的教育内容、实施手段以及评价方式等都发生了深刻的变化。"互联网+"利用科学技术与传统行业深度融合以实现传统行业转型和升级的发展理念和思路，不断开创出新的发展业态。随着近年来人们对"互联网+教育"的积极探索，也初步明确了教育网络化、智慧化和数字化发展的方向。"互联网+"时代高等教育面临的环境发生的变化是根本性的和全方位的，新的环境下教育资源在整合、构建、优化、传播和共享等各个方面都呈现出不同以往的全新面貌。可以说"互联网+"时代跨界融合、创新驱动、重塑结构、尊重人性、开放生态、连接一切的特征，使教育资源也呈现出海量化、多元化、共享化和高效化的特点。

1. 信息资源海量化

信息资源的海量化可以说是互联网世界最重要的特征之一，互联网自诞生之日起，便成为人们收集、传递信息的重要途径和工具。时至今日，随着以大数据、云计算为代表的新一代互联网信息技术的飞速发展，互联网已然成为人类社会最大的信息资源集散地，全世界的信息资源都能够通过互联网连接起来，海量的信息资源取之不尽、用之不竭。一方面，包括大数据在内的先进技术优势，使互联网收集、存储、分析和使用信息资源的能力实现了巨大的进步，互联网能够轻松地通过信息技术将存储在世界各地包括文字、音频、视频、图像等在内的信息资源链接起来，成为一个巨大的信息资源存储地；另一方面，以云计算为基础的信息存储、分享和挖掘技术，能够将巨大的、海量的、非结构性的信息资源集合起来并加以处理，形成更加有效的信息数据并存储下来，这种信息资源的生产概念就好比海洋上的冰山一样，表面上我们看到的是海面上的冰山一角，而绝大部分的内容却暗藏在海面之下，互联网技术不断挖掘数据的潜在价值便成为生产海量信息资源的不竭动力。此外，当今的互联网世界是一个极具开放性和人性化的世界，每个人既是信息的获取者和使用者，更是信息的创造者和发布者，互联网的链接技术把大量的"信息孤岛"链接起来，使人们能够获取和感知的信息资源数量增大，这也激发了人们创造和发布信息资源的积极性，当个体生产信息资源的积极性和创造力被调动起来时，互联网信息资源的剧增便可想而知。由此可见，"互联网+"时代的特性决定着信息资源的生产规模将不断扩大，大规模生产、传播和运用信息资源的时代已经开启。充分挖掘和利用好这些海量的信息资源，研究和解决好信息资源给我国社会发展以及高等教育发展带来的问题，将成为提高高等教育质量的重要手段。

2. 教育资源多元化

"互联网+"时代背景下教育资源的多元化既表现为教育资源呈现的开放性，又表现为教育资源在内容、形式上的多样性。首先，互联网让教育资源走向开放。互联网的发展打破了传统教育资源的封闭状态，使教育资源不再聚集在一个相对封闭的空间里，不会因为地域、学校、场所等限制而影响获取。互联网强大的数据链接能力以及数据处理和存储能力，使得教育资源能够更加便利地被学生所获取，只要愿意便可以通过互联网收集到多元的教育资源，来满足符合学生自身特点的学习和进步要求。其次，互联网海量的教育信息提供了多样的教育资源。传统的教育资源基本上是在校园里、课堂上获取，以书本的教育内容为主，在这种条件下，学生获取的教育资源也大都是以文字的形式出现，这些教育资源中较少有音频、视频的出现，极少有多媒体的辅助、虚拟和模拟教育资源的应用。"互联网+"时代以新媒体技术为主的交互技术以更为多元的形式将教育资源生产和表现出来，教育资源以文本为基础，不仅有动画、音频、视频等多媒体的加入和辅助，同时虚拟技术将教育资源以更加生动的方式展示出来，不仅极大地增强了教育资源的表现力和感染力，也增强了学生的参与感和体验积极性，这种多样性的教育资源无疑会在学生知识结构的完善和建构过程中发挥更出色的效果。此外，互联网海量的信息资源开放地存储在网络空间里，这些海量的数据都是潜在的教育资源，学生可以根据自己的喜好去浏览和学习，而这一教育资源的获取过程较少地受到教师的辅助和监督，不同国度、不同理念、不同导向的信息资源都成为学生自选的教育资源，这些教育资源在政治立场和价值观念的导向上都表现出多元化的一面，势必是对学生教育资源选择能力的一种考验。因此，开放的互联网带来的教育资源多元化是一把"双刃剑"，争取选择使用多元化的教育资源是保证教育导向、提高教育质量的关键。

3. 教育资源共享化

教育资源共享长期以来都是实现教育均衡发展、促进教育公平的一个重要标志。互联网的普及与进一步发展，为解决优质教育资源的短缺和不平衡问题、满足人民群众对优质资源的迫切需要提供了条件保障。"互联网+"时代存储技术和交互技术的革命性发展，使得网络有了超乎想象的海量存储空间和信息资源交换速度，这也成就了人类历史上前所未有的巨大信息库。与以往信息库不同的是，包括组织和个体在内的无数互联网终端实现信息库内信息资源的交换，让信息库的体量不断壮大并保持活力，而互联网的强大链接和交互能力使这些教育资源能够轻松地跨越校园、地域和国度的限制，使学生能够在短时间内迅速获取海量的信息和数据，极度开放和近乎无偿的数据服务让优质教育资源的充分共享成为可能。此外，"互联网+"时代对教育资源共享的优势不仅仅在于互联网技术上的先进，更在于"互联网+"理念下所产生的共享机制对优质教育资源的共享推进。"互联网+"时代为实现教育资源的共享化创建了三个必要条件：

第一，观念支撑。"互联网+"时代跨界融合、连接一切的特征彻底改变了以往人们对数据应用的保守观念，人们逐步意识到互联网数据共享给社会发展和进步带来红利，各行各业都致力于加强信息资源的生产、交流、共享，从其中获得更多的发展机遇。因此，教育资源的共享也成为教育领域集体繁荣的一个重要载体。

第二，行动共识。互联网的信息交互逻辑在于通过各网络终端形成数据的联通和共享，每个终端都达成一种共识，终端的信息开放和共享是整个网络开放的一个缩影，是网络数据资源共享不可或缺的一部分。在这种共识下，教育资源的共享成为每一个个体的自发责任和意识，让互联网教育资源的共享更加多元、繁荣。

第三，机制保障。互联网实现教育资源共享的途径是各终端之间的数据交换和信息服务，这就构成了资源发布和获取的共享内在组织机制，这种机制虽然并没有规范化，也不具备法律效应，但已经成为网络信息资源共享的默认规则，就如同物质交易的开放流通对工业革命的重要性一样。信息数据的开放流通是"互联网+"时代不可逆的趋势和潮流，在信息数据开放流通的潮流中教育资源的共享化也空前繁荣。

4. 信息获取高效化

互联网的诞生就是源自人们对数据信息的获取和交互需求，随着科学技术日新月异的高速发展，特别是以大数据、云计算、移动通信技术为核心前沿技术的"互联网+"时代的到来，人们信息获取的渠道不断丰富，信息获取达到空前的便捷和高效。互联网的发展之所以让信息获取如此的便捷和高效，因为它为信息的获取创造了三个基本条件：

第一，及时获取。传统的信息获取要通过图书馆、书店、阅览室等地点查阅相关的文献资料，这就受到了空间和时间的限制，而网络信息的传播依靠的是无形的网络数据传送，特别是伴随着移动通信技术的发展，手机、平板电脑等移动客户端的各种应用，让数据获取可以随时随地地进行，避免了传统信息获取的各种受限。

第二，精准搜索。当今时代是一个"信息爆炸"的时代，网络空间上每天产生和传播的信息资源数量之巨大让人无法想象。不可否认在互联网产生的初期，人们在庆幸有如此多资源供选择的同时，又会对无法快捷地找到自己需要的有效信息感到苦恼和手足无措。然而，互联网的内部逻辑告诉人们，既然它能够生产如此庞大的信息数据，就自然会为人们提供找到有用数据的路径和方法，"互联网+"时代网络搜索技巧与信息资源获取的技术得到了空前的发展，它为人们提供了多种信息获取的入口，各种搜索引擎和网际交流平台都成为用户快捷、精准找到自己所需信息资源的最有效的途径。

第三，分类服务。互联网的信息资源是海量的和复杂的，然而在互联网分类检索的技术支持下它又是有序的，这种分类服务为信息获取减少了不少的损耗，互联网上的一些主题网站、类型平台就是这种资源分类的现实呈现，互联网技术把类似的信息数据快速地收集、记录和分类，云计算的设计和技术又将这些分类的数据通过智慧集成、存储为一个大数据库，更加有利于人们通过搜索引擎快速、精准地查找有效数据。当前，互联网集成和整合了各类优质教育教学资源，为组织和个人更加便捷地获取信息资源提供了高品质的服务。

（三）教学方式在线化

教学方式是教学过程中在教学目标、教育理念和价值取向的指导下，教师按照教学计划通过一定的教学手段，引导和帮助学生掌握教学内容的具体活动方法。在教学过程中，教学方式涵盖了教师与学生之间的关系处理，教学媒介、载体和手段的设计和使用，以及教学过程的良性互动和效果评价等。"互联网+"时代我国高等教育的面貌发生了极为深刻的变化，其中教学方式的变化是与学生行为方式和学习方式的变化密不可分的，呈现出教育资源的网络共享、学习方式在线互动和教学评价及时反馈的发展态势，这些变化使高等教育面临着前所未有的发展环境，高等教育呼唤着教学理念和教学方式的变革与更新。互联网的高速发展彻底改变了知识的生产、存储、获取、传播和学习方式，从而让教师和学生的知识储备和获取能力差距极度缩小，颠覆了传统的师生关系。教学过程中伴随着新一代信息技术和多媒体技术在课堂上的深刻介入和广泛应用，使得传统的粉笔、黑板式教学已显得落伍和不合时宜，新兴的教学媒介和教学模式呼之欲出。同时，教学形式在线化使教学互动空前活跃，教学评价的及时性和针对性为学生的有效和高效学习提供了有力的保障。由此可见，"互联网+"时代对高校教学方式的改变是不可阻挡的，这种以在线化、数字化、网络化为标签的教学方式的转变是符合高校师生的学习、生活、工作的需求和习惯的。教学方式的改变具体包括以下三方面的内容：

1. 师生关系的合理重构

"互联网+教育"探索不仅是新兴的互联网信息技术对教育技术的革新，更重要的是对教育过程中教、学、组织模式等教育元素、环境、理念和机制的深层次变革。"互联网+"时代尊重人性、以用户为中心的本质特征，促进了以学生为中心的教学方式快速生成，可以说"互联网+"时代高等教育师生关系的变化是导致教学方式改变的一个先导性因素。随着互联网科学技术的跨越式发展和知识经济的迅速到来，知识的生产、获得与学习方式跟传统的方式已经大不相同，层出不穷的科学技术和日新月异的学习媒介使学生能够真正地突破时间和空间的局限实现自主学习。大学生不管是学习的能力、接受的能力，还是创新的能力以及自身的精力都处于人生求学阶段的黄金时期，大学生在进入课堂之前可能已经不再是"零起点"的"一张白纸"，部分具有超前意识和学习能力突出的学生，通过互联网所得到的知识储备甚至有可能还要高于教师。互联网彻底改变了传统的以教师为中心的教学方式，教师已经不是学生获取教育资源的权威性来源，学生在课堂上对教师的依赖越来越少，学生甚至可以在课前通过自主学习完成很多知识点的学习，互联网的技术优势、行为理念以及师生的特点已经越来越淡化和缩小了教师与学生的知识差距，淡化了教师和学生的界限，增加了教师与学生交流的机会。因此，在"互联网+"时代教师与学生的关系可能要更加倾向于互动和引导，毕竟教师有着更加成熟的思维方式和丰富的人生阅历，考虑问题相对学生来说更加周全和缜密。教师要更多地利用互联网的优势，充分调动学生的自主学习积极性，同时加强自身的互联网教与学的理念和意识，全程把握学生的学习进度，与学生建立和谐的、教学相长的师生关系，才能够发挥出教学方式在线化的最大优势。

2. 教学模式的有效变革

"互联网+"时代是信息技术与教育要素、教学环节的深入融合，其中良性的"化学反应"使教育过程呈现出新的面貌，教学模式得到改良升级。

互联网改变了知识的获取方式和渠道，学校的"围墙"正在慢慢消失，教室的概念正在逐渐改变，教学过程的在线化比重越来越大，教学媒介的数字化越来越受到学生的欢迎，传统的教学时间和空间限制被彻底打破，教学模式的有效变革带来了理想的教学效果。

首先，教学模式实现了课堂教学与在线教学的优势互补。尽管教学方式的在线化已经成为不可阻挡的趋势，但不可否认传统的课堂教学也有自身的优势。课堂教学具有较为成熟的教育理论和方法，有严格的教学纪律和良好的教学秩序。课堂教学中，教师的人格魅力得以最直接的体现并发挥作用，教师和学生通过语言、情绪、动作等直接交流，对学生的学习和成长产生着潜移默化的影响；同时，教师在课堂上可以根据各种因素的变化，凭借自身的阅历和经验，灵活地调整教学的内容和进程，以保证最好的教学效果。教学方式在线化则更多强调的是学生学习的自主性和个性化，学生能够根据自身的能力和情况，通过自主地选择学习内容和进程，达到最优的学习效果。课堂教学和在线教学不仅不是矛盾的，而且可以很好地形成互补，学生通过在线的自主和主动学习，为课堂上的学习、交流和互动做好了准备，线上线下的教学方式配合更加有利于学生的认知和技能的整体提升。

其次，教学媒介实现了更具吸引力的换代升级。互联网技术的进步不断地催生着新的媒体诞生，师生们已经在学习、生活和工作的各个方面都接受了新兴媒体作为认知工具和学习资源所带来的变化，回到课堂上如果还是传统的陈旧教学手段和文字教学模式，教学效果势必大打折扣。互联网新媒体与教学的结合使教学方式向多媒体化、数字化不断发展，在坚守教育目标和教学内容的基础上，将虚拟仿真技术、远程通信技术、新媒体技术等引入课堂成为新颖的教学媒介，达到"新瓶装旧酒"的效果。这不仅激发了学生浓厚的学习兴趣，而且进一步优化了教学形式，让课堂的教与学能够更加轻松地完成。

3. 教学评价的多维建构

教学评价是教学过程中十分重要的一个环节，它能够客观反映学生的学习状态和效果，也是教学方式优劣的间接映射。互联网带来的教学方式在线化不仅让课堂教学呈现出新的格局和活力，也为教学评价的功能提升创造了条件。

第一，评价生成及时性。教学方式在线化使教与学的过程能够及时地呈现在互联网上，这就减少了传统评价的反馈因空间和时间上的限制而带来的拖延和消耗，大大地提升了评价反馈的效率，评价过程的便捷也使教师与学生之间的相互评价变为可能。在一个教学评价过程里，教师和学生不必拘泥于课堂，可以通过互联网在线对教学过程和学习活动进行分析和评价，学校和家长也能够以第三方的身份及时地获取教学过程的评价，深入介入教育评价和改进过程。

第二，评价结果可靠性。基于教学方式在线化以及互联网大数据技术的普及和优势，教学过程中作为评价依据的各种信息和数据能够被全面地收集起来，这些大量的、丰富的信息数据都是教师教学和学生学习全过程的、最直接的、非结构化的客观数据，通过事先设定好的数据整理和分析，能够如实呈现教学过程中的成绩和问题，为调整和优化教学过程提供可靠的决策依据。此外，教学方式的在线化充分体现了对学生学习的个性和差异的尊重。互联网基于大数据的教学评价，可以利用大数据和云计算的核心技术，通过构建科学的教学过程评价模型，精准把握课程教学组织中的学生需求、兴趣、反应和感受等要素，从而生成有效的评价依据和后续的支持保障。

"互联网+"时代从科学技术的飞速发展开始，深刻影响着人们的学习、工作、生活方式，也影响着教育教学的方式，使其发生深刻的变革。高等教育已经处在变革的重要节点之上，主动适应"互联网+"时代的特性和发展需求，探索、变革具有时代特色的教育理念和教学方式，是高校培养高素质人才的时代要求。

（四）管理服务信息化

高校管理服务信息化的发展应该是"互联网+"时代给高校教职员工和学生带来的最

直接、最真切的变化，随着"互联网+"时代的大数据、云计算、移动通信、物联网、新媒体等核心技术的不断发展，高等教育的信息化发展也迎来了新的契机。新一代信息技术与高等教育的教学、研究、管理、服务的深入融合，彻底改变了大学校园的学习、工作和生活的运转格局。利用高校管理服务信息化为广大师生员工、家长和社会建立起一种及时、安全、快捷的交互环境，成为高校管理服务一个新的增长点。新一代互联网信息技术不仅从技术上为高校管理服务信息化的大发展提供了可能和保障，也在日常生活上改变着人们的行为方式和习惯，进而将这种趋于固化的行为特征和思维理念带入校园学习、工作环节，从而进一步推进高校管理服务信息化的水平提升。高校管理服务信息化发展不仅让校园公共数据信息的管理更加权威和可靠，也使得高校管理服务的过程更加规范和高效。信息化的流程管理不仅对校园管理的决策提供了可信、可靠的依据，也准确、智能地为工作中的过失进行及时的预警，切实提高了管理服务工作的水平。可以说，当前高校师生员工及学生的学习、生活、工作等各个方面的活动对管理服务信息化的依赖性越来越强。

1. 校园管理服务信息化的理念达成高度共识

"互联网+"时代各项新兴的信息技术不断创新发展，为社会生活的信息化发展提供了无限的可能和畅想。当高科技方兴未艾之时，人们都习惯于以传统的方式对待学习、生活和工作，对信息化优势的未知使得人们对信息化大都保持怀疑的态度，畏惧改变、不信任、接受过程的困难等因素成为反对管理和服务工作信息化的主要原因。然而，随着互联网逐步地走进并占据人们生活的大部分空间，在体会到信息化管理服务给社会活动带来便利的同时，人们渐渐开始接受管理信息化的流程，学习信息技术的知识，树立管理服务信息化的意识，并主动使用信息化的管理服务方式，分享管理服务信息化的成果。高校师生一向是求知欲旺盛、学习能力较强的一个群体，作为新事物的信息化不仅能够吸引师生的关注、研究和学习。同时，它摒弃传统管理方式的不足，带来前所未有的便利，让高校师生对管理服务信息化有着极高的兴趣和期待。在"互联网+"时代的大背景下，新一代信息技术不断革新并融入人们的日常工作、生活及学习的各个方面，彻底改变了人们的行为习惯，更改变了人们的行为理念。个人生活信息化的需求已经遍布与个人相关的各个方面，集中到校园里的教师、学生对校园管理服务信息化需求的日益强烈，校园外能依靠互联网信息化服务的手段解决的问题，来到校园里也成为师生的基本诉求。因此，管理服务信息化在校园里有一致的共识和需求，其推广及运用显得顺理成章、水到渠成。此外，互联网信息技术的快速发展和普及，不仅提升了高校管理服务信息化教育理念的创新与发展，而且提升了高校师生的信息素养和技术能力，为高校管理服务信息化发展培育了优质的土壤。

2. 校园公共数据信息管理服务的可靠性、权威性更强

"互联网+"思维推进了高校校园管理服务理念的更新和方式的变革，新一代互联网信息技术成为驱动整个管理服务格局进步的关键基础。高校校园管理服务信息化发展的基础在于依靠信息技术对校园公共数据信息进行有效的采集、合理的处理和快捷的运用，以此作为提高校园管理服务效能的起点，为管理服务过程的优化形成支撑，数据管理成为推动高校管理服务信息化的重要力量。高校管理服务信息化充分彰显了共享校园公共信息数据资源的理念，校园公共数据的信息化管理不仅保证了信息管理服务的可靠性，也提升了管理服务的权威性。

首先，管理服务信息化保证校园公共数据信息的可靠性。在高校管理服务过程中，可靠性就意味着高效性，管理服务的高效性便让管理服务工作充满着亲和力。校园公共数据信息作为管理服务过程中的基本对象和单元，其可靠性完全影响着管理服务的水平和效率。传统的校园公共数据信息从采集、更新到分析、使用都依靠实物文本和手工操作，其中由于工作人员的素质不一和工作状态的起伏，中间不可避免地会出现一些问题和错误，更可怕的是有些错误和问题是隐性的，且在使用过程中累积放大，让管理工作蒙受不小的损失。信息化的管理服务过程利用互联网信息技术的优势，数据一经采集和存储便不会随意更改，而且数据的整理过程都是通过预设的计算机程序和逻辑语言来完成，丝毫不受人为因素的影响，哪怕零散的数据信息都能够自动整理优化。同时，校园网络的管理服务平台将全校的数据信息和咨询都集成在同一数据存储源头，实现动态的信息更新，轻松解决了校园各部门信息管理、使用的传统问题，确保了校园公共数据信息的可靠性，切实提高了管理服务效率和办学水平。

其次，管理服务信息化提升校园公共数据信息的权威性。校园公共数据信息的采集、管理涉及多个单位和部门，在传统的信息数据管理过程中，各个单位和部门由于对其他单位的工作不熟悉或者不信任，都会根据自身的工作需要和安排来采集、使用信息材料，这样一来不仅会增加数据信息的重复采集，而且纸质的信息材料和手工的信息维护，也会给数据的使用、保存带来很大的安全隐患，各单位和部门之间的数据信息的对比经常会出现差异和错误，给校园公共数据信息的使用带来极大的不便。高校管理服务过程水平提升的基础和核心在于准确运用校园的公共数据信息。管理服务信息化在确保公共数据存储和出处唯一性的基础上，打通了各部门的公共数据信息通道，规范了信息数据的使用过程，校内师生员工或单位都需要通过预设的身份和口令进入信息系统浏览、查找和使用相关信息，极大地增强了公共数据信息的安全性和权威性。

3. 校园信息化管理服务流程更加规范、高效

"互联网+"时代背景下，社会生活的各个方面都逐渐融入信息化的浪潮之中，高校

管理服务能否适应和融入信息化的环境，是保证校园管理服务水平不断提升的一个重要指标。"互联网+"时代信息技术的革命性发展，推进了应用软件技术的快速发展，为高校管理信息服务化提供了有力的技术保障。传统校园信息数据的采集、使用以及公共事务的管理和服务被信息化的管理系统所代替，以往要借助于大量人力、物力完成的纷繁复杂的管理事务，可以在互联网上轻松完成，降低了管理成本，减少了管理差错，让管理服务流程既保证了规范，又追求了高效。

首先，信息化管理服务流程让校园管理更加规范化。高校管理服务的规范化不仅体现了校园管理的水平，也是保障校园管理秩序的重要手段。校园里与师生员工切身利益相关的管理服务事务很多，管理过程涉及的单位和工作人员也十分复杂，传统的管理服务流程环节较多，而每个环节的工作人员对管理服务事务的工作原则、标准不同，让管理服务过程的规范性大打折扣。高校管理服务信息化的实现，为高校规范化的校园管理提供了切实的保障，通过信息化的手段完成繁杂的管理服务事务，既能够遵守统一的规则，又能够按照统一的流程办理，充分彰显了校园管理公平、公正、公开的精神。

其次，信息化管理服务流程让校园管理更加高效化。信息技术的运用对高校管理服务工作进行了流程再造，不管是管理服务的程序，还是管理服务的人员和分工都发生了科学的变化。传统管理服务中在各单位间重复出现、烦琐乏味的工作流程被极度地简化，同时，调整了人机交互的工作比重，将原本需要人工管理的事务转化为信息化自动管理。信息化的管理系统不仅维护方便，节约了人力、物力，也提高了工作效率和效力。它将更多的管理服务人员从复杂的管理事务中解放出来，重新分工、理清职责，进而调动了管理工作中的人员积极性，切实提高了高校管理服务的效率。

二、"互联网+"时代高校德育实践面临的新挑战

高校德育实践的过程是高校有目的地通过有计划的途径和方式，从思想觉悟、道德情感、信念意志等方面对学生进行道德影响的活动。高校德育实践主要依靠的是环境的影响和人与人的交流，学生道德养成的过程很大程度上受到德育环境和德育过程的影响。"互联网+"时代高校的内外环境都发生了变化，互联网技术的快速发展深刻改变着学生的行为方式和特征，也对现有的高校德育实践体系提出了新的要求。在这种全新的业态环境和教育形势下，传统的高校德育实践模式的拓展空间越来越狭窄，面临着前所未有的挑战。

（一）德育内容的权威受到冲击

高校德育作为高等教育的一项重要任务，在高校人才培养体系中具有举足轻重的地位。高校德育实践坚持将思想品德、价值观念、法律意识、爱国教育、心理教育、道德品

质等作为主要内容，通过课堂教学和实践体验对学生进行正面教育和引导。长期以来，德育内容作为学生的学习和成长过程中的必修内容具有很高的权威性，这也是高校德育实践效果的重要保证之一。然而，随着"互联网+"时代的到来，更加开放的、全球化的互联网世界以及大数据、新媒体技术的发展和普及，使学生能够自由获取各种信息和知识。信息爆炸逐渐让传统德育内容的体量和影响的范围显得越来越小，多元价值文化的干扰以及敌对势力的恶意渗透都给高校学生的思想、观念、行为和心理带来了广泛而深刻的影响，高校德育内容的权威性受到巨大的冲击。

（二）德育方式的创新刻不容缓

随着"互联网+"时代的到来，众多行业或企业再次迎来了新生和活力，然而，部分组织或个体也在这场空前的转型革命中变得寸步难行甚至被淘汰。思维定式、路径依赖、固执自傲已经成为"互联网+"业态创新的最大障碍，人们会发现阻碍创新与进步的不是过去做得不好，而是过去太成功。"互联网+"背景下高校德育实践面临着同样的困境和挑战，传统的德育课程与教学模式有着稳定而成熟的教育目标、管理体系、师资队伍、激励机制等，在以往的德育实践过程中，发挥了突出的育人功能和作用，因而从管理队伍到教师队伍都满意、骄傲和习惯于传统的德育模式和路径。但正是这种传统德育模式的成功恰恰蒙蔽了大家的双眼，使大家无法及时看清"互联网+"的优势和趋势，在转型发展中败下阵来。当前，教师与学生的关系、教与学的关系已经发生了较大的变化，传统德育课程已无法完全适应和满足学生新的学习习惯和需求，承载着重要使命的高校德育课程与教学模式的变革刻不容缓。

（三）德育过程的管理隐患重重

"互联网+"时代科学技术的迅猛发展为社会管理、企业管理、个人管理的质量提升提供了坚实的手段支持，特别是随着移动互联网技术的发展和智能手机的广泛应用，信息化管理的优势不断得到升华，较大程度地实现了管理过程的精细化、人性化。人们通过互联网实现管理的科学化从初步认识到全面运用，管理过程对互联网技术的依赖越来越明显。高校德育实践过程中，也不断地尝试用信息化的手段来保证德育的实效性，信息技术及时、准确、高效的优势克服了高校德育工作队伍人员相对不足的困难，一定程度上让管理的过程越来越精细。然而，随着信息化管理的不断深入，其劣根性也暴露无遗。数字化的管理过程表面上虽然是公正的、客观的，但机器难以人性化地对管理中的各种问题进行能动的解决，客观数据的背后可能隐藏着许多人为的虚假内容，数据源头的不可靠性导致数据分析的失准，从而对管理者产生误导，甚至对管理过程中部分环节失联，直接影响到管理效果。

第三节 "互联网+"时代高校德育实践的发展与创新

"互联网+"时代高校德育实践的发展与创新不仅是时代的要求，也是顺应高校互联网民意、保持互联网秩序和维护网民利益的内在需求，更是"实施网络强国战略，让成果惠及全民"的战略要求。"互联网+"时代高校德育实践的创新，就是要秉承"互联网+"的思维和理念，充分借助于"互联网+"时代信息技术的优势，改进高校德育实践的方式和方法，以保持高校德育理念的先进性、德育实践的有效性和德育过程的科学性，推动高校德育实践过程中各个环节的全面优化。如此，才能保证在"互联网+"时代的创新发展中，高校德育实践的方向更准、腰杆更直、底气更足。

一、塑造积极"互联网+"思维以保持德育理念之先进性

当前，"互联网+"逐步深入融合到经济发展、社会管理、人们生活的每一个角落，高校所面临的社会环境和高校内部的治理结构发生了巨大变化。互联网已经成为高校的思想和知识传播的重要领域、师生学习和生活的创新空间、学校教学管理的重要平台。"互联网+"时代构建了高校德育实践新的内、外部环境，"互联网+"不仅带来了先进的信息技术，也为高校德育实践提供了一种先进的思维方式。积极培养高校以"互联网+"思维开展德育实践创新的意识，不断提高高校师生的"互联网+"能力，才能准确抓住互联网高速发展所带来的新机遇，保持高校德育理念的先进性。

(一)"互联网+"意识的培养

随着我国"互联网+"行动计划的不断发展，"互联网+"已经由国家战略转变为深入人心的思维意识和方法论。高校德育实践要充分共享"互联网+"带来的红利，不仅要从学校层面加强对"互联网+"意识培养的重视，更要做好德育实践主体的意识培养。高校德育"双主体"一直是本研究所持的德育观点，即在高校德育实践过程中，教师和学生都是德育实践活动的主体。切实培养高校师生共同的"互联网+"意识，有利于形成教师和学生协调互动、共同发展的良好格局，从而达到高校德育实践良好的育人效果。

1. 学校"互联网+"顶层设计

"互联网+"时代高校的外部环境和师生的思想形成都发生了明显的变化，学校应该从全局的角度出发，系统地把握新形势下高校德育实践所面临的机遇和挑战，统筹考虑学

校层面和师生层面的变化，明确"互联网+"时代高校德育实践创新的理念和目标，制订可行性较强的实践计划，并通过机制的建立保证德育实践的创新发展。

学校应该对国家"互联网+"行动计划做出积极回应，准确把握"互联网+"的发展理念和趋势，通过平台搭建、体系重构、机制驱动等方式，明确"互联网+"深度融入学校人才培养和德育实践的发展战略。一方面，学校应进一步加大经费、人力、物力等资源的投入，成立专门的互联网信息化工作办公室，加强信息化基础设施的建设，推进无线网络进校园、进课堂、进宿舍的校园网络全覆盖工程，布局高校德育实践创新发展的关键技术，为"互联网+"背景下高校德育实践创新搭建工作平台；另一方面，学校应通过建章立制明确"互联网+"深度融入高校人才培养的发展思路，引导、激励单位和个人树立新思维，借助于新技术，产生新动力，加强学校层面对"互联网+"的推动、扶植与监督，提供"互联网+德育"的相关服务，将"互联网+"与高校事业发展深入融合机制化、常态化，推进高校人才培养和德育实践的创新发展，不断激发高校德育实践工作的新活力。

2. 教师"互联网+"意识培养

高校教师"互联网+"意识的培养就是要帮助教师利用互联网开展教学、管理、服务等工作，并在这一过程中不断创新教育理念和手段，提高教育水平和效果。高校德育实践过程中，尽管教师和学生都是德育实践活动的主体，但由于传统教育模式的影响，教师往往在师生关系中还是处于相对主导的地位，因此，教师"互联网+"意识的培养在整个德育实践创新过程中的作用显得尤为重要。

首先，教师必须认识到"互联网+教育"的趋势之不可逆。"互联网+"已经从国家战略的高度自上而下改变着我国经济发展、社会生活的方方面面，教师可以深刻体验到这一点，但更重要的是认识到新形势下"互联网+教育""互联网+学习""互联网+德育"已经成为高校人才培养不可逆的发展趋势和创新驱动力。对"互联网+"新形势的清醒认识是高校教师在德育实践活动中树立新理念、凝练新思路、形成新方法的不竭动力。

其次，教师必须提高利用互联网的主观能动性。"互联网+"是一种开放的思维和方法，这就为高校德育实践创新提供了无限的可能和多种结果。教师必须树立主动的、积极的"互联网+"意识，在高校德育实践活动中分析、把握、结合德育过程和德育主体的新规律，利用"互联网+"的技术优势，解决新时期高校德育实际活动中的新问题，对学生进行积极的引导和帮助，达成师生对"互联网+"融入德育实践活动的共识，形成良性互动，方能切实提高德育实践活动的实效。

3. 学生"互联网+"行为引导

大学生群体是思维活跃、求知欲和学习能力较强的一个群体，他们对互联网信息技术的接受、适应和熟悉都较快。然而，"互联网+"时代的海量信息资源和多元价值文化很容易让学生在网络世界里迷失，学生通常是在互联网上娱乐、交友、购物等，利用互联网学习的比重却相对较少。互联网已经成为学生学习、生活中的必需部分，在无法阻止学生接触互联网的前提下，引导学生正确、健康地使用互联网就显得非常重要。加强对学生"互联网+"行为的引导，就是要引导学生利用互联网完成更多与学习和成长有关的内容。一方面，在教学过程中适当减少课堂学习的比重，通过构建网上学习资源，增加在线学习的环节和内容，将在线学习变成学习过程中不可或缺的一部分，帮助学生形成利用网络进行学习的概念和意识，养成利用网络进行学习的习惯；另一方面，要鼓励和引导学生通过互联网加强学习互动、提高学习质量。互联网的平等、开放、去中心化的特征，给学生带来了自由表达观点和看法的渠道，学校要主动引导学生利用互联网平台与教师进行交流和互动，在这种交流的环境下，学生的真实感受和想法会充分表达出来，学生群体中存在的思想问题也会暴露出来，便于及时发现和解决学生群体中的各种危机，增强高校德育实践活动的针对性和实效性。

（二）"互联网+"能力的提高

"互联网+"是一种能力，这种能力不仅包括对互联网高速发展过程中所诞生的新兴信息技术的掌握，更是一种利用互联网与传统行业融合发展产生新业态和新活力的能力。当前，高校德育实践中依靠互联网平台开展的德育活动越来越多，"互联网+德育"已经成为高校德育实践创新的重要途径，"互联网+"能力的提高成为保证高校德育实践工作质量和德育实践活动效果的重要手段。高校德育实践活动中，教师不仅要熟悉和掌握"互联网+"时代新兴的信息技术，更要学会将这些新兴的信息技术与德育实践过程连接起来、融合进去，催生德育实践的新面貌和新活力。

1. "互联网+"信息技术的掌握

对"互联网+"信息技术的掌握是高校德育实践创新的基础。"互联网+"信息技术是互联网快速发展过程中产生的新兴信息技术，如大数据、云计算、新媒体技术等，这些新兴信息技术是高校德育实践创新的媒介、工具和手段，高校德育工作者如果不掌握这些技术，就如同战场上没有了武器，工作中失去了载体，也就失去了德育过程中的主动权和话语权。因此，对"互联网+"信息技术的掌握显得尤为重要，学校要组织教师队伍加强对新兴信息技术的学习，教师通过学习要基本了解和掌握互联网新兴信息技术的功能、特性和原理，能够自主利用新兴信息技术设计德育过程，制作德育资源，完成德育实践。同时，还要紧跟时代要求，不断提高自身网络素质，及时更新网上教育内容，使用学生喜闻乐见的形式，赢得学生的喜爱，从而达到较好的教育效果。例如，教师要学习和熟悉大数据的特性、功能和应用，了解甚至掌握利用大数据对德育实践过程进行决策、管理和监控的技术；要学习云计算的特点、功能和优势，了解云计算在教育发展中的最新成果和应用；要熟悉和掌握微博、QQ空间、微信等新媒体技术，能够建立自己的话语平台，并融入学生的话语体系，与学生完成即时通信和多向互动等。这些信息技术的学习和掌握是德育实践创新发展的技术基础，并使教师在高校德育实践活动中，能够利用互联网信息技术拓展新渠道和新手段，从而为构建新的德育实践创新平台提供可能。

2. "互联网+"思维能力的提高

简单说来，"互联网+"的"+"就是连接与融合，这也是"互联网+"的创新驱动能力之所在。利用互联网新兴的信息技术与传统行业的连接和融合，能够激发传统行业的新活力。随着互联网的快速发展，越来越多的新兴信息技术让人目不暇接，即使他们对互联网的特性比较熟悉，能够逐步学习和应用这些互联网技术，但长久以来教师没有形成利用互联网来辅助教学和管理的意识和能力，所以相对互联网的高速发展，教师相关素质和能力就显得力不从心，年轻教师尚且如此，更不用说老教师了。要把握"互联网+"时代的技术红利，教师不仅要勤于学习新的互联网信息技术，更重要的是要有意识、有能力将这些信息技术与德育实践环节连接起来、融入进去，不仅仅是技术的连接、服务的融合，更是资源的连接、过程的融合。

高校德育实践过程中，教师要学会借助于新媒体技术，收集、制作和发布内容健康、形式多样的德育内容和教学资源；要学会利用大数据的分析功能，对学生的发展状态进行监控、预警和干预；要学会利用即时通信技术的优势，加强师生的实时指导、在线互动，实现真正的平等对话和有效交流，提升德育实践的效果。总之，"互联网+"时代信息技术的发展从来都是日新月异、层出不穷的，但不管技术如何更新和变化，高校教师只要拥有了"互联网+"思维能力，就总能够针对新技术在高校德育实践过程中找到新的连接方法和融合渠道。

（三）"互联网+"秩序的治理

"互联网+"时代高校德育实践的创新，可以说既是高校德育实践的无奈之举，又是用心之举。之所以说是无奈之举，是因为互联网的快速发展深刻地改变了高校德育实践的内、外部环境，并深深地影响了德育实践的效果，高校不得不利用互联网、融入互联网，以求德育实践的实效性。

用心之举，是符合高校德育实践"因事而化、因时而进、因势而新"的内在要求的，是高校主动应对形势的变化，不断改进德育实践活动的态度。互联网的开放性和虚拟性特征，一方面给高校德育实践创新带来了新机遇，另一方面也给德育实践效果的实现带来了新挑战。既然高校德育实践活动要连接互联网、融入互联网，就必须建立互联网德育实践的新秩序和新规范。

1. 纪律约束

这里讨论的纪律约束主要是指对高校德育实践过程中教师主体的约束。互联网海量的信息资源和多元的价值观念对学生的成长发展产生了巨大的冲击，以学生的知识和阅历储备，一般很难判断和抵御互联网上某些低级、负面甚至反动的不良信息的危害。这时就需要教师对这些信息做出判断和筛选，对学生进行正面的引导和教育。教师在互联网德育实践过程中的作用显得尤为重要，然而互联网是一个开放、自由、虚拟性很强的空间，不仅学生能隐藏自己的真实身份自由发布观点和意见，教师也有这一可能。教师可能平日里碍于在公共场合的身份，无法跟学生抱怨、宣泄情绪，在互联网上却较多地发表个人的情绪和不满，这样一来，教师在互联网上"过滤器"的作用不但没有发挥，反而形成了负面作用。因此，对教师利用网络开展德育实践活动要进行严格的纪律要求，可以适当地对教师的网络身份进行监控，督促这些德育实践环节的"抓手"真正地尽其职，发挥正面的教育和引导作用。

2. 诚信树立

"互联网+"时代，对于社会诚信（考验个人道德）和职业诚信（考验行业伦理和管理者道德）的要求的确比无网时代更高，因为网络兼具揭露欺骗和迅速传播真相的功能。利用互联网进行高校德育实践创新，信息化的手段将被广泛地应用于学生教育、管理、服务的各个环节，以往凭借经验和感觉来掌握学生成长过程的教育状态发生了巨大的改变，学生的成长过程和状态更多是通过客观的数据，以量化和可视化的方式呈现在教师面前，这些数据则成为德育实践过程中决策的重要依据。然而，在互联网的面纱保护下，学生诚信的部分缺失让成长过程中采集到的客观数据并不真实。比如，学生自己填写的个人信息存在不实，学生利用他人的互联网身份进行活动，与教师的网络互动隐藏自己的真实想法，利用网络学习的漏洞逃学，等等。这些不诚信的举动可能让学校和教师获得错误的分析信息，影响对学生成长状态的判断。所以，学校要进一步加强学生的诚信教育，通过建立征信系统，建立信用档案，采集、客观记录学生信用信息，并与其校园学习、生活挂钩，培养诚信意识和契约精神，健全守信激励和失信惩戒机制，使守信者受益、失信者受限，让诚信成为共同的价值追求和行为准则，切实保证高校德育实践创新中的数据权威和实效性。

3. 言行规范

"互联网+"时代连接一切、开放、自由的特性，决定了每个个体既是信息的接收者和传播者，又是信息的生产者和发布者，个体自由度的放大激发了个体信息生产和传递的积极性，促成了海量信息资源的生成。同时，无限的自由也就减少了对个人行为的监督和社会公德的约束，互联网上言行失范、网络暴力的现象比比皆是。这种现象在青少年学生中尤为严重。学生处于价值观念尚未成熟时期，情绪易激惹且容易受到外部环境的干扰，如果没有互联网的言行规范，网络德育实践的效果实在令人担忧。高校应制定详细的学生网络行为规范，对学生在互联网上的语言和行为进行明确的规定，引导学生在互联网生活中强化自律意识，甚至可以将相关的管理规定写入学校学生管理办法中，加大对网络言行失范的监控和处罚力度，以培养和建立学生网络行为自律的制约机制。此外，通过在校园里广泛地宣传良好的互联网公德规范，对学生在互联网上的言行失范进行监督和批判，共同营造文明健康的网络空间，方能建立一种良好的互联网德育实践环境。

二、优化"互联网+德育"载体以提高德育实践之有效性

"互联网+"时代高校德育实践的优化重点是研究和解决如何保证高校德育实践的有效性。随着信息技术的飞速发展和互联网的广泛应用，社会运行面貌改变的同时，也改变着学生学习、生活、娱乐等行为方式。学生的学习习惯、方式、途径都发生了巨大的变化，更多的互联网元素根植到学生的脑海当中，彻底改变了他们的审美标准，传统的德育模式更加难以讨学生欢心，直接影响到德育实践的效果。"互联网+德育"体系的优化就是要将"互联网+"时代的信息技术优势运用到高校德育实践当中，并借鉴"互联网+"时代产业发展的经验和模式，找到高校德育实践的新方法和新路径，不断提升德育实践的新活力，从而提高德育实践之有效性。

（一）"O2O 模式"增强德育课程的吸引力和实效性

长期以来，高校德育课程力求能够牵引学生按照课程指导的方向开展学习，然而随着互联网发展对世界的改变，传统课程的吸引力大大降低，德育课程的实效性岌岌可危。前教育部原部长陈宝生曾指出：思想政治理论课学生的抬头率不高，人到了心没有到，根本原因在于其内容不适应学生的需要，主要可能是"配方"比较陈旧，"工艺"比较粗糙，"包装"不那么时尚，所以亲和力就差了，抬头率就低了。高校德育课程的组织形式、资源建设都亟待顺应时代发展的潮流，做出积极的回应和改变。O2O（即 On-line to Offline，线上到线下）是"互联网+"时代广泛流行的商业概念和模式，它将线下的商务机会和互

联网结合，使互联网成为线上和线下交易的平台，大大增加了商务机会。构建德育课程"O2O模式"是充分利用互联网连接一切、开放融合、海量信息等优势，运用云计算和云平台技术建设在线德育课程，创建线上和线下交叉互动的新型学习方式，构建丰富、生动的德育课程资源，及时整合、反馈学习评价，切实推进德育课程向更加人性化、个性化和实效性方面的提升。

1. 构建人性化的学习内容

高校德育课程"O2O模式"的创新重点之一是，解决传统课程的内容和形式已无法满足学生日益改变的认知需求的矛盾。随着"互联网+"时代的到来，人们的行为方式、生活习惯都发生了前所未有的改变。在高校，学生的认知规律和学习习惯也发生了巨大的变化，传统的德育课程内容越来越不适应这种变化，"O2O模式"的德育课程内容建设主要是依靠新兴的信息技术，对德育内容和资源"新瓶装旧酒"，让德育资源以崭新的面貌出现在学生面前，并利用云计算和云平台技术将德育内容放在互联网上，供学生随时随地自主选择学习，更加能够调动学生的学习兴趣和热情。

第一，丰富、生动的德育内容构建。传统德育课程的内容大多给学生古板和说教的印象，特别是伴随着互联网海量信息资源和多元文化的爆发式增长，学生接触到的各种信息越来越时尚、生动，传统德育课程的内容更加无法讨学生喜欢。"O2O模式"的德育课程内容建设充分利用新兴信息技术的优势，将德育内容重新包装。例如，充分利用音视频、动画、PPT等多媒体形式建设课程内容，或者构建轻松、娱乐化操作体验课程，以任务驱动的方式引导学生掌握知识等，以学生喜爱的面貌展现出来，让德育过程寓教于乐，也是德育实践活动重在体验和感悟的初衷。

第二，切合学生学习习惯的德育内容建设。随着互联网学习功能的不断强大，以往以教师为中心的学习方式被彻底改变，学生可以利用网络随时随地进行自主学习。"O2O模式"的德育课程内容建设遵循学生去中心化、碎片化的学习习惯，将德育课程内容按照知识点切割为若干部分，方便学生随时随地利用互联网学习，对零碎学习时间的利用可以大大提高学习效率。同时，被拆分的德育内容都以短小的音视频面貌出现，也切合了互联网学习中学生无法长时间集中注意力的特点，有效地保证了学习的效果。

第三，人性化的德育资源选择。"O2O模式"的德育课程内容建设注重线上和线下德育资源的相互补充，教师在网络课程上提供与课堂教学相匹配的教学资源、课件、电子图书、音视频等，学生可以根据自身的学习特点和喜好选择德育内容和学习方式，分配线上学习和线下学习的比重，这种人性化的德育资源选择更加适应学生的学习规律，在德育内容的掌握过程中能够得到更加理想的效果。

2. 满足个性化的学习需求

高校德育课程"O2O模式"是将传统的德育课程教学从线下转移到线上，以传统的德育课程为基础和指导，用信息技术的方式进行包装。线上和线下学习的互补，能更大地增强学生学习的自主性，学习路径和进度的选择也能更加尊重学生个体的实际情况，从而可以提高学习的活力和效率。

第一，学习路径个性化。德育课程"O2O模式"是传统课堂的标准化教学向学生个性化学习的革命性转变。每个学生的知识基础、思维能力和学习兴趣都不尽相同，这正是因材施教的原因所在。"O2O模式"的课程教学将丰富多样的课程资源配置于"云端"，教师会制定共性的学习目标和要求，而不会像传统课堂教学的标准化要求那样限定统一的学习步调，学生的学习自主性得到很大的提高。教学过程允许学生根据自身的兴趣喜好、学习习惯、能力基础等个性化差异，设计和选择自己的学习时间、学习地点和学习方案。这种德育课程教学模式彻底改变了传统德育课程在学生心目中的面貌，打破了以往学生在德育课程中的被动局面，他们可以自主选择学习顺序和学习路径，个性化学习需求的满足和个体差异得到尊重，更大限度地提高了学生的学习兴趣和课程教学的效果。

第二，线上和线下良性互补。德育课程"O2O模式"是典型的混合式教育模式，线上和线下的学习都是德育课程学习的核心部分，线下教师和学生面对面的内容讲授与线上的课程自学形成相互补充。"O2O模式"打通线上和线下课程内容的信息和体验环节，不仅给学生的学习带来了更多的选择，也给教师对德育课程的设计带来了更多可能，教师可以安排学生在课前通过线上自主学习完成指定的部分学习内容，这样线下的课堂教学中就能够引入更多的师生互动环节，更加有利于德育课程的教学质量的提高。

3. 全方位的互动学习评价

德育课程的教学最终要落实在学生对德育内容学习和领会效果的把握上，传统的德育课程教师在课堂上讲授，无法及时掌握学生的学习效果，也了解不到学生的学习差异，课程结束时的考试或课程论文更是无法准确地反映学习效果。"O2O模式"的德育课程利用互联网信息化的管理优势，既可以对学生的学习轨迹进行跟踪、学习效果及时评测、学习过程智能辅助，还能完成师生一对一的及时互动，全方位的学习过程评价大大提高了德育课程的实效性。

"O2O模式"的德育课程让学生能够根据预先设计好的学习流程，在学习系统智能分析的指导下逐步完成学习内容。系统会及时通过测试工具和手段显示学生的学习效果，并给出下一步的学习计划，保证每一名学生线上学习的逻辑性。允许教师根据课程情况安排线上和线下的学习内容，通过线上信息化的学习记录系统，可以准确地把握每一名学生的学习进程和轨迹，了解学生的学习习惯和共性的问题，在线下课堂教学中有针对性地进行教授并解决。此外，学生在线学习的数据"留存"不仅是学生学习过程的监督和评价，更为师生的互动交流搭建了平台。传统课堂一对多的讲授模式下，大多数学生都无法与教师进行一对一的交流，德育实践的效果也大打折扣，而线上学习打破了时间和空间的限制，给师生交流更多的开放和自由度，敞开心扉的师生互动更加符合德育实践活动的本质要求，使德育课程内容的传授、学习和体验效果都大幅提升。

（二）新媒体平台凸显德育实践的话语权和感染力

随着"互联网+"时代的到来，人们的日常生活对互联网的依赖度越来越大，传统媒体在人们生活中的比重越来越小。特别是在思维最活跃、学习能力最强的高校师生群体中，传统媒体的使用范围和影响力越来越小，高校师生成为最积极和最广泛使用新媒体技术的群体。高校德育实践活动中，德育环境对德育实践效果的影响举足轻重，德育环境潜移默化地对学生的思想品德、道德素养和行为规范起着渗透、引导和规范的作用。"互联网+"时代，新媒体技术广泛替代传统媒体以及深刻影响学生操行的趋势，使新媒体平台成为德育实践的重要载体和媒介。如何利用新媒体技术加强高校德育新媒体载体的建设，提高高校德育工作在学生互联网生活中的话语权和主导权，提升高校德育实践活动的感染力，成为高校德育实践创新的关键点。

1. 德育载体的新选择

"互联网+"时代，在万物互联、跨界融合的政策指引和市场选择中，人们的生活方式发生了巨大的变化，越来越多的现实生活被更加便利、时尚的互联网方式取代，当我们认真地观察和总结自己的生活时，就会发现诸如传统的报纸、书籍、杂志、宣传栏等都有了互联网的替代产品。在高校，随着移动通信技术和互联网技术的发展，学生利用移动互联网终端更加便利，他们获取信息、休闲娱乐、人际交往都可以利用手机等移动终端完成，于是学生普遍成为"低头族"，走到哪里都在看手机，就算没事也要把手机拿出来按两下，可见互联网几乎已经成了学生知识积累、思想成长的最主要平台。高校德育实践中的传统载体已经无法满足学生成长的需要，新的德育实践载体呼之欲出，利用"互联网+"时代的新媒体技术加强德育载体建设是最能保证高校德育实践效果的选择。

当前，新媒体平台已经成为学生最喜爱的成长环境，高校加强新媒体德育载体建设要准确把握学生的特点及喜好，到学生活动最频繁的区域和地带，以学生最喜闻乐见的媒介方式，潜移默化地影响和引导学生成长。首先，互联网移动终端、手机客户端及应用程序（APP）成为学生互联网生活的重要媒介，学生已经习惯了利用这种形式和面貌的工具进行生活、交流，高校德育实践进网络要抓紧德育主题应用程序的建设，将德育内容通过学生喜爱的学习方式和渠道展现出来，更加有利于增加学生对学习内容的好感。其次，如今，以微信、微博、QQ空间等自媒体为代表的新媒体平台，几乎成为学生表达观点、分享心情、人际交往、休闲娱乐等诉求的主要载体，学生的思想在这些平台上汇集、交流、发展、定型，高校要抓住这一难得的自然形成的学生网络生活集散地，建立学校的官方微信公众号、微博和QQ空间等，通过这些新媒体手段将德育内容包装成为学生愿意接近、了解和认可的模样，方能使德育实践具有真正的吸引力和感染力。

2. 话语争夺的新阵地

话语权的争夺主要就是解决如何吸引学生关注和学习德育内容的问题，树立学校主流德育思想对学生德育的主导权。新媒体平台作为德育实践的重要载体，必将成为高校德育话语权争夺的主阵地。新媒体平台上，德育实践话语权的争夺要从两方面来着手，也就是"引得来、留得住"的问题。

首先，如何将学生吸引到高校建立的新媒体平台上来。高校应加强"互联网+德育"载体建设的探索与创新，最大限度地将学生吸引到校园新媒体平台上来。一方面，高校要推进在学生已经固有的新媒体生活平台上搭建德育实践载体，学生在哪里，高校德育实践的触角就伸到哪里，学生在日常生活中寻找自己感兴趣的内容时，多少会浏览到主流的德育内容，让德育实践的声音无处不在；另一方面，高校对于新媒体德育实践载体的建设，也要有智慧、有计划、有方法地采用引导和制约机制。高校应将与学生的学习和校园生活等切身利益相关的教育新闻资讯、管理服务内容整合到新媒体平台上，如学生的选课、成绩查询、考试报名、学年小结、评优评先、奖助学金申请、重要文件发布等，利用新媒体完成这些学生教育管理的内容，既达到了便捷、高效的效果，又能够让学生登录主流德育实践平台变成情理之中的必然，这样学校就牢牢把握住了学生登录校园新媒体平台和浏览主流教育信息的主动权，对学生关注主流新媒体德育平台的控制，为高校德育实践新媒体媒介发挥作用创造有利条件。

其次，如何将学生稳定地留在新媒体德育平台。新媒体德育平台最显著的特点就是改变了以往德育工作的面貌，将原来的道德说教变成一种媒体环境和文化，通过环境和文化的营造，让学生自主选择教育内容，通过新媒体达成师生的平等对话和互动交流，有效提升德育实践效果。高校加强新媒体德育平台的建设：第一，要在尊重学生个性发展的基础上，不断提升网络德育文化的品质和厚度，学校的官方微信公众号、微博和QQ空间等新媒体平台上的内容建设要多些诚意、更接地气，让学生对主流媒体的阅读更加轻松、备感亲切；第二，要有意识地培养师生员工成为校园里的网络大咖和意见领袖，充分发挥微博、微信和客户端的引导作用，在新媒体的环境下有计划地开展德育话题的讨论并解答问题，掌握了新媒体平台的话语权，就掌握了德育实践的主动权和主导权；第三，引导师生员工对主旋律的德育内容进行广泛的评论、点赞、转发，营造风清气正、心灵共鸣的新媒体网络环境，学生在新媒体平台上有收获、有感触，他们自然就会经常浏览这些微博、微信公众号、QQ 空间等。

三、创新"互联网+管理"流程以提升德育过程之科学性

"互联网+"时代高校德育实践创新是新一代的互联网信息技术融入高校德育过程中，对学生教育管理服务的理念、方式、方法的全面优化和转型，其实质是要通过教育管理服务方式和流程的再造，重点解决高校德育过程中管理组织头绪较多、流程较长、决策效率较低的问题。运用互联网新兴的信息技术实现学生教育管理服务的信息化，不仅使德育过程更加规范和高效，而且让德育组织过程中的决策更加精准、有说服力，能切实提高高校德育实践过程的科学性。

（一）信息化管理实现德育过程的规范化和管理服务的高效性

1. 德育过程的规范化

高校德育实践的创新从来都是围绕学生的特点和需求开展的，"互联网+"时代学生生活方式网络化、信息化的特点决定了高校德育实践要以信息化的方式不断提升德育效果，而信息化管理服务过程也使得德育过程更加的规范。信息化的管理服务改变了以往依靠人工进行管理的方式，信息技术的介入使德育过程更加科学，学生在德育过程中的成长痕迹被详细记录、清晰可见，德育过程更加严谨和规范。

高校要顺应时代的发展，以互联网新一代信息技术为依托，不断加大信息化教育管理服务平台的建设，创新学生德育管理服务的职能和手段，切合学生的时代特点和成长习惯，将"管理服务育人"落到实处。高校应通过建立信息化的学生教育管理服务系统，将学生行为教育管理从现实生活中搬到互联网空间里，利用互联网信息技术的优势，尊重学生习惯和热衷的方式，建立学生操行管理信息平台，对学生的成长过程进行监督和规范，以一种无时无刻不在的环境压力对学生的成长轨迹进行规范。比如，利用指纹识别和人脸识别等个人体征识别技术建立课堂学生电子身份签到和网络学习痕迹管理系统，利用手机GPS 模块定位技术建立学生行为轨迹监控管理平台等，对学生的学习、生活轨迹进行指导，把握学生成长的正确方向；又如，建立学生信息管理系统，详细记载大学期间个人的信息和成长记录，每年都有严格的审查和登记，学生每年要进行自我小结等。这些信息化

的管理服务方式既规避了以往学生的不诚信行为，又切实培养了学生的独立意识和契约精神。当然，高校在运用先进信息技术对学生的行为进行管理的过程中，也要把握好度，既要规范管理，又要注意对学生隐私的保护。

2. 管理服务的高效性

高校德育实践创新的信息化管理方式克服了学生教育管理过程中人为因素的影响，让德育过程更加规范。同时，信息化的教育管理服务过程让德育过程更加人性化，成功规避以往管理服务中层级多、人员杂、内耗大的问题，让管理服务过程更加务实和高效。"互联网+"连接一切、尊重人性的管理思维，实质上是带给人们一种去中心化、扁平化的管理方式，对于传统的管理理念而言，尽管去中心化和扁平化看起来是一种比较"叛逆"的决定，然而这是符合"互联网+"时代的潮流的，是不可逆的革新过程。

高校德育实践创新要充分把握时代的特征和潮流、尊重学生的特点和需求，改变以往的教育管理服务理念，尽可能地减少不必要的管理层级，依靠互联网信息技术的强大计算处理和记忆功能，建立丰富、立体的学生自助管理服务系统。管理层级的压缩规避了复杂的人际关系，减少了不必要的内耗，通过人机对话的管理服务，切实让管理服务过程缩短、效率提高。比如，建立学生自助报到系统、证书证明打印系统、学业管理系统等，让学生从进校就开始学会自助服务、自主教育、自我管理；又如，利用微信、QQ、微博等新媒体技术实现学生网络查寝、网上投票等教育管理功能，不仅大大减少了德育实践中人员的工作负担，提高了管理服务环节的效率，而且符合学生喜好的媒体方式也增强了高校德育实践的亲和力，切实提高了德育实践的实效性。

（二）大数据分析保证德育过程的精细化和准确性

"互联网+"时代的到来，让人们的各种行为活动都与互联网有着密不可分的联系，在高度发达的信息技术的支持下，几乎人们生活中的所有活动都能以数据的形式被反映、采集和分析。大数据技术为高校德育实践创新提供了革命性的技术支持。每一名学生的学习、生活、实践、娱乐等行为信息都能够以数据的形式被学校动态采集和掌握，通过科学、快捷的数据分析反映出学生的行为和思想状态，在高校德育实践过程中提供及时的预警和提醒，保证德育过程决策的精准性。同时，高校可以通过构建数字化的分析模型，利用互联网信息技术强大的计算功能和智能化的分析功能，对学生成长过程中的状态进行筛查、分析和处理，数字化模型的智能辅助功能真正成为高校德育实践的智库，切实保障德育过程的精细化和准确性。

1. 大数据分析驱动德育过程的精准决策

当前，随着我国社会信息化程度的不断深入发展，绝大部分高校都已经启动了校园信息化的建设，诸如校园一卡通、教育管理服务信息系统等一系列的信息化建设项目，为高校德育实践创新提供了有力的基础保障。高校应该进一步利用"互联网+"时代的思维和技术优势，深入推进学生校园行为数据的采集工作，依靠权威的数据支持，通过智能化的大数据分析功能，为德育过程的精准决策提供可靠依据，彻底改变高校德育实践过程中学生教育管理"凭感觉、靠经验、等报告"的被动局面。

首先，构建可靠、动态、互通的学生行为基础数据库。学生行为基础数据库是大数据分析的源头，高校要从学校整体发展战略的高度树立大数据的思维，打通和链接校园内部的"信息孤岛"，确保学生行为数据库的唯一性和权威性，从而保证大数据分析的准确性。学校要加大基础数据采集平台的建设，及时对学生的行为数据进行采集、存储、更新和整理，保持动态、有活力的数据采集，才能保证基础数据库的有效性。学校要统一思想、统一步调，实现学生学习、生活、实践、娱乐等各个方面的数据纵向互通、横向互联，学生全部行为数据的互通与互联方能实现学生在校行为数据的整体性。

其次，构建及时推送的智能分析与预警系统。数据分析和决策辅助才是大数据的核心价值所在。可以说，"互联网+"时代学生的一切行为都能够以数据的形式被描述，以往高校德育实践中对学生行为的粗放管理，不仅使学生成长中的诸多困难和隐患较难被及时发现，而且德育工作者往往通过学生的报告和个人的经验采取相应的干预，教育效果不甚理想。高校应充分利用大数据技术的优势，建立智能分析与预警系统，依托可靠、动态、互通的学生行为基础数据库，把学生的个人基本信息数据、学习行为数据、日常操行数据等大数据进行联系、对比、分析，发挥学生个人成长数据的整体效应，全面、准确地反映学生行为和思想的真实状态，让概念化的学生行为表征向可视化转变，让经验主义的决策向数据化、可靠性决策转变。同时，高校应完善智能分析与预警系统的及时推送功能，将分析结果和预警信息第一时间推送至家长、师长、同学等与学生个人成长相关联的德育工作队伍，实现学生个人成长过程的动态监控与干预，真正让每一名学生的成长都有陪伴和关心，保障学生健康、积极地成长和发展。

2. 数字化模型彰显德育智库的科学力量

"互联网+"时代高校德育实践创新的核心思路就是运用互联网信息技术，对学生的成长和发展状态进行准确的把握，利用云计算、大数据的记忆存储和智能分析的功能，将高校德育实践过程数字化、标准化，减少德育工作者的负担和压力，提升德育实践工作的精细化和准确性，高校德育实践活动的规律性与互联网信息技术的智能化相结合，使德育实践工作的智库建设成为可能。

高校应大力构建一系列的德育实践数字化模型，这种德育实践过程中的管理模型和决策模型的构建，实际上是建立一种科学化、标准化的操作流程预设。数字化模型的构建是针对学生可能存在的经济困难、学业困难、心理困难、校园安全等常见的问题，从学生成长的数据库中提取相对应的行为信息，综合分析后对学生状态进行如实的反映，并提供相应的干预和解决方案。如此一来，德育工作者就能够在学生成长和发展的不同节点，针对学生群体或个体发展的某个方面，就如同选择套餐一般，运用构建的数字化模型对学生的状态进行准确把握，并依照数字化模型提供的干预及解决方案，完成对学生的德育实践活动。高校德育实践活动的规律性使这种数字化模型具有广泛的适用性和推广价值，成为高校德育实践活动中强大的智库，供德育工作者针对共性问题和隐患在不同的学生个体中选择使用，辅助学生个性问题和困难的解决。

参考文献

[1] 苏少丹. 高校德育实践研究 [M]. 北京：中国纺织出版社，2022.

[2] 邢良. 高校德育引导与学生管理创新研究 [M]. 北京：北京工业大学出版社，2022.

[3] 袁东升，张成，蒋晓敏. 高校三全育人体系的创新发展研究 [M]. 西安：西北工业大学出版社，2022.

[4] 苏基协. 新时代高校"三全育人"理论与实践创新研究 [M]. 西安：西北工业大学出版社，2022.

[5] 张伟. 高校思想政治教育建设与辅导员工作研究 [M]. 延吉：延边大学出版社，2022.

[6] 丁丹. 采薇：提高德育工作有效性的研究与探索 [M]. 广州：华南理工大学出版社，2021.

[7] 邹娟. 多元文化视角下大学生德育的创新发展 [M]. 长春：吉林大学出版社，2021.

[8] 马志强，周国华. 新时代高校组织育人理论与实践 [M]. 镇江：江苏大学出版社有限责任公司，2021.

[9] 张贻发. 铸魂育人：新时代高校思想政治工作的理论探索 [M]. 广州：中山大学出版社，2021.

[10] 毛静，刘勇. 高校党建 新时代高校院系党组织党建育人的探索与创新 [M]. 北京：中央编译出版社，2021.

[11] 周倩. 新时代高校资助育人工作发展研究 [M]. 北京：九州出版社，2021.

[12] 姚丹，孙洪波. 高校教育信息化管理与学生管理工作 [M]. 北京：中国纺织出版社，2021.

[13] 赵宇华，于志勇. 立德树人视阈下高校德育工作与思想教育创新 [M]. 延吉：延边大学出版社，2020.

[14] 彭宗祥. 新时代高校工程德育理论与实践：学校德育的新范式 [M]. 上海：上海财经大学出版社，2020.

[15] 辛勤. 走进心灵的德育：学校德育工作创新案例集 [M]. 北京：中国国际广播出版

社，2020.

［16］周鸿辉，李雪维，李萍. 以德见智：学校德育实践与评价模式创新［M］. 宁波：宁波出版社，2020.

［17］李昌锋. 高校辅导员思想政治教育工作的守正与创新［M］. 北京：北京理工大学出版社，2020.

［18］姚上海，等. 高校大学生思想政治教育创新案例研究［M］. 北京：光明日报出版社，2020.

［19］彭秋龙. 地方性应用型本科高校建设新思考［M］. 上海：立信会计出版社，2020.

［20］陈金平. 多媒体时代高校的思政教育研究［M］. 北京：北京工业大学出版社，2020.

［21］宋丽萍. 新媒体环境下高校学生教育管理工作创新研究［M］. 长春：吉林大学出版社，2020.

［22］朱海莲. 普通高校特殊体育教育教学研究［M］. 杭州：浙江工商大学出版社，2020.

［23］孙丽娜. "以人为本"高校体育教育研究［M］. 天津：天津科学技术出版社，2020.

［24］韩芳. 高校体育教育立德树人协同发展研究［M］. 北京：中国商务出版社，2020.

［25］陆世宏. 语言文化特色育人中的高校党建与德育工作［M］. 北京：人民日报出版社，2019.

［26］刘忠孝，陈桂芝，刘金莹. 高校德育论［M］. 哈尔滨：黑龙江人民出版社，2019.

［27］李刁. 互联网+时代高校德育实践创新研究［M］. 武汉：华中师范大学出版社，2019.

［28］吴巧慧. 应用型大学德育的创新与实践2018［M］. 北京：北京交通大学出版社，2019.

［29］吕开东. 新时代高校思想政治教育工作探索［M］. 北京：光明日报出版社，2019.11.

［30］柳国梁，陈国明，等. 教育现代化进程中学校德育创新研究［M］. 杭州：浙江大学出版社，2019.

［31］杜安国，何小梅. 高校文化育人理念与实践［M］. 广州：广东高等教育出版社，2019.

［32］刘萍. 高校助困育人工作研究［M］. 长春：吉林文史出版社，2019.